FastAPI를
사용한
파이썬 웹 개발

FastAPI를 사용한 파이썬 웹 개발

라우팅 기초부터 이벤트 플래너 애플리케이션 구축 및 배포까지

초판 1쇄 발행 2023년 3월 22일
초판 2쇄 발행 2024년 1월 15일

지은이 압둘라지즈 압둘라지즈 아데시나 / **옮긴이** 김완섭 / **펴낸이** 김태헌
펴낸곳 한빛미디어(주) / **주소** 서울시 서대문구 연희로2길 62 한빛미디어(주) IT출판2부
전화 02-325-5544 / **팩스** 02-336-7124
등록 1999년 6월 24일 제25100-2017-000058호 / **ISBN** 979-11-6921-087-4 93000

총괄 송경석 / **책임편집** 박민아 / **기획·편집** 이채윤
디자인 표지 이아란 내지 박정화 / **전산편집** 이소연
영업 김형진, 장경환, 조유미, 김선아 / **마케팅** 박상용, 한종진, 이행은, 고광일, 성화정 / **제작** 박성우, 김정우

이 책에 대한 의견이나 오탈자 및 잘못된 내용에 대한 수정 정보는 한빛미디어(주)의 홈페이지나 아래 이메일로
알려주십시오. 잘못된 책은 구입하신 서점에서 교환해드립니다. 책값은 뒤표지에 표시되어 있습니다.

한빛미디어 홈페이지 www.hanbit.co.kr / 이메일 ask@hanbit.co.kr

지금 하지 않으면 할 수 없는 일이 있습니다.
책으로 펴내고 싶은 아이디어나 원고를 메일(**writer@hanbit.co.kr**)로 보내주세요.
한빛미디어(주)는 여러분의 소중한 경험과 지식을 기다리고 있습니다.

FastAPI를 사용한 파이썬 웹 개발

압둘라지즈 압둘라지즈 아데시나 지음 | 김완섭 옮김

라우팅 기초부터
이벤트 플래너 애플리케이션
구축 및 배포까지

한빛미디어
Hanbit Media, Inc.

드디어 한글로 된 FastAPI 책이 출간되었습니다! 이 책은 FastAPI를 사용한 코드 실습뿐만 아니라 개발 환경, 라우팅, 템플릿팅, DB 연결, 보안 관리, 테스트와 배포까지 웹 애플리케이션 개발의 모든 프로세스를 다룹니다. 파이썬으로 웹 개발을 시작하고 싶은 개발자, ML 엔지니어에게 이 책을 추천합니다.

포스코건설 AI 연구원 조우철

FastAPI는 빠른 속도와 비동기 처리, 비교적 낮은 러닝커브를 무기로 무서운 성장세를 보이고 있습니다. 이 책은 FastAPI의 장점을 최대로 활용할 수 있도록 라우팅, 템플릿팅, DB, 보안, 테스트, 배포에 관해 체계적으로 설명하며 Git, 몽고DB, 도커 등 개발에 필요한 제반 지식도 배울 수 있어 FastAPI를 도입하고자 하는 기업이나 개발자에게 매우 유용한 자료가 될 것입니다.

핫셀러 백엔드 개발자 임혁

FastAPI를 처음 사용하는 백엔드 개발자에게 적합한 안내서입니다. 기본 개념을 꼼꼼하게 설명할 뿐만 아니라 DB를 사용하는 애플리케이션 개발 및 테스트 방법까지 구체적인 FastAPI 활용 예를 담고 있습니다. 책을 따라 실습하다 보면 어느새 애플리케이션 개발부터 배포까지 백엔드 개발의 전체 사이클을 경험할 수 있습니다.

SuperbAI 솔루션 엔지니어 최우성

FastAPI를 사용해 단순히 API만 만드는 것이 아니라 Git부터 테스트와 배포까지 웹 개발을 전반적으로 다루는 책입니다. 내용을 따라가다 보면 애플리케이션을 구축해볼 수 있을 뿐만 아니라 백엔드 개발자에게 필요한 개념도 함께 얻어갈 수 있습니다. FastAPI라는 프레임워크가 궁금한 개발자에게 이 책을 추천합니다!

데얼스 백엔드 엔지니어 김순태

이벤트 플래너 애플리케이션 개발이라는 목표를 중심에 두고 DB 연결, 인증, 유닛 테스트로 내용을 확장해가는 웹 개발 입문서입니다. 모든 실습 결과를 CLI에서 확인할 수 있도록 안내하며, 플라스크, 장고 등 파이썬 기반의 다른 REST API 프레임워크를 다뤄본 분들에게 적합합니다. 여러분이 FastAPI를 빠르게 이해하고 적용하는 데 많은 도움이 될 것입니다.

프리랜서 개발자 전상혁

FastAPI 공식 문서의 내용을 기반으로 각 기능을 자세히 설명하는 책입니다. pydantic을 통한 정의, Config 클래스를 통한 서브클래스 추가, Jinja2 적용 방법뿐만 아니라 SQLModel을 통한 DB 연결, CORS 등을 학습해 실무에서도 바로 활용해볼 수 있습니다.

백엔드 개발자 박지연

▶▶ 지은이·옮긴이 소개

지은이 압둘라지즈 압둘라지즈 아데시나 Abdulazeez Abdulazeez Adeshina

숙련된 파이썬 개발자이자 소프트웨어 백엔드 엔지니어다. 기술 저자로도 활동하며 폭넓은 경험과 기술을 지니고 있다. 명령줄 애플리케이션뿐만 아니라 FastAPI를 사용한 백엔드 애플리케이션, 알고리즘 기반 보물찾기 도구 등을 개발했다. 또한 블로그에서 파이썬을 가르치고 수학 문제 푸는 것을 즐긴다. 2022년까지는 수자원 및 환경공학 프로젝트에 참여했으며 지금은 Auth0, LogRocket, Okteto 등의 초대 기술 저자로 활동하고 있다.

옮긴이 김완섭 jinsilto@gmail.com

약 15년간 일본, 한국, 싱가포르에서 IT 및 GIS/LBS 분야 업무를 담당했다. 일본에서는 일본 정부 기관을 대상으로 한 시스템 통합(SI) 업무를 담당했으며, 야후 재팬으로 직장을 옮겨 야후맵 개발 담당 시니어 엔지니어로 근무했다. 한국에서는 SK에서 T맵 등 내비게이션 지도 데이터 담당 매니저로 근무했으며, 현재는 싱가포르에서 독일계 회사의 솔루션 아키텍트로 근무하고 있다. 저서로는 『나는 도쿄 롯폰기로 출근한다』가 있으며, 역서로는 『그림으로 공부하는 IT 인프라 구조(개정판)』, 『21개의 작고 재미난 파이썬 프로젝트』 등 40여 종이 있다.

마이크로서비스가 인기를 끌면서 API의 역할이 중요해졌고, 이에 따라 효율적으로 API를 개발할 수 있는 방법이 필요해졌다. FastAPI는 이런 요구를 충족시켜주는 프레임워크다. FastAPI를 사용하면 직관적이고 간단하게 API를 개발할 수 있으며 학습 난이도 또한 높지 않아 도입하기 쉽다.

이 책은 FastAPI 안내서로, 기본적인 사용법부터 데이터베이스 연동 방법과 인증까지 필수적인 웹 API 개발 요소를 모두 다룬다. 데이터베이스의 경우 일반적인 관계형 데이터베이스뿐만 아니라 NoSQL(몽고DB)도 함께 다루고 있어서 새로운 기술을 접할 수 있는 좋은 기회가 될 것이다.

후반부에서는 간단하게나마 도커를 사용하는 방법도 소개한다. 경량 가상화 기술인 도커를 잘 사용하면 자신이 개발한 API를 손쉽게 다양한 환경에 배포하고 이식할 수 있다. 대부분의 클라우드 서비스에서 도커 컨테이너를 지원하므로 자신이 만든 컨테이너를 실제 클라우드에 배포해서 테스트해보는 것도 유익한 경험이 될 것이다.

개인적으로 간단한 웹 애플리케이션은 직접 구축하는 편인데, 이때 FastAPI 같은 프레임워크가 큰 도움이 된다. C#이나 자바를 사용해 API를 만들려면 쉬운 기능임에도 각종 설정을 비롯하여 작성해야 할 코드의 양이 많아서 시작도 하기 전에 진이 빠지곤 한다. 그래서 다음 프로젝트부터는 팀원들을 설득하여 FastAPI를 사용해보려고 한다.

이 책을 번역하면서 새로운 기술의 습득을 소홀히 해서는 안 된다는 점을 새삼 느꼈다. 번역 작업을 하지 않았다면 이렇게 효율적인 API 개발 프레임워크가 있는지 몰랐을 것이고 여전히 기존 기술에 의존하고 있었을테니 말이다. 여러분도 이 책을 통해 FastAPI라는 효율적이고 편리한 기술을 경험해보기 바란다.

김완섭

FastAPI는 파이썬으로 API를 구축할 수 있게 해주는 빠르고 효율적인 웹 프레임워크다. 이 책은 FastAPI 프레임워크를 사용한 애플리케이션 구축 방법을 안내한다. 먼저 책에서 사용하는 기술의 기본 개념을 살펴보고 라우팅 시스템, 응답 모델링, 오류 처리, 템플릿 등 FastAPI 프레임워크의 주요 기능을 설명한다.

여러분은 파이썬과 FastAPI를 사용해서 빠르고 효율적이며 확장 가능한 애플리케이션 구축 방법을 배우게 된다. 간단한 'Hello World' 애플리케이션 개발부터 데이터베이스, 인증, 템플릿 등을 사용한 API 구축 방법을 다루고 효율성, 가독성, 확장성을 개선하는 애플리케이션 설계 방법을 학습한다. 또한 애플리케이션을 외부 라이브러리와 연동해서 SQL 또는 NoSQL 데이터베이스에 연결하고, 템플릿을 통합하고, 인증 시스템을 개발하는 방법도 배운다. 책의 후반부에서는 테스트와 애플리케이션 컨테이너화 방법을 알아보고, 도커를 사용한 애플리케이션 배포 방법을 살펴본다. 그리고 이 모든 내용을 실습과 함께 설명한다.

책을 다 읽고 나면 FastAPI 프레임워크를 사용해서 강력한 웹 API를 구축하고 배포할 수 있다.

대상 독자

이 책은 웹 API 구축에 관심 있는 파이썬 개발자를 대상으로 한다. 따라서 파이썬 프로그래밍 언어에 관한 기본 지식이 필요하다.

학습 목표

CHAPTER 1	책에서 사용하는 기술의 기본 개념을 소개하고, FastAPI 애플리케이션을 개발하기 위한 개발 환경을 구축한다.
CHAPTER 2	라우팅 시스템을 사용한 라우트 생성 방법을 다룬다. 라우팅 시스템의 컴포넌트, 요청 바디, 경로 매개변수 등을 pydantic을 사용해 검증하는 방법도 다룬다.
CHAPTER 3	응답 모델, 오류 처리, 상태 코드를 소개한다.
CHAPTER 4	템플릿을 사용한 뷰 생성 방법과 API 응답 렌더링 방법을 설명한다.
CHAPTER 5	애플리케이션 설계 방법을 살펴보고, CHAPTER 6에서 개발할 애플리케이션의 구조를 간단히 설명한다.
CHAPTER 6	SQL과 NoSQL 데이터베이스 클래스에 관해 논의하고, SQLModel을 사용한 SQL 데이터베이스 접속 방법과 객체 문서 매퍼인 beanie를 사용한 몽고DB 사용법을 다룬다.
CHAPTER 7	애플리케이션 보안에 관해 설명하고, 인증 구현과 애플리케이션 라우트의 접속 제한 방법을 살펴본다.
CHAPTER 8	애플리케이션 테스트에 관해 설명하고, API 라우트를 테스트하는 방법을 소개한다.
CHAPTER 9	FastAPI 애플리케이션을 배포하는 방법을 설명한다.

일러두기

이 책을 최대한으로 활용하려면 파이썬에 관한 기본 지식이 필요하다. 또한 실습할 장비에 파이썬이 설치되어 있어야 한다.

책에서 사용하는 소프트웨어/하드웨어	사용할 수 있는 운영체제
파이썬 3.10	윈도우 / 맥OS / 리눅스
Git 2.36.0	윈도우 / 맥OS / 리눅스

디지털 버전으로 책을 보는 경우에도 코드를 직접 작성하거나 GitHub 저장소에서 다운로드하여 사용하기를 권장한다. 이렇게 하면 코드를 복사하고 붙여넣는 과정에서 발생하는 잠재적인 문제를 피할 수 있다.

▶▶ 이 책에 대하여

예제 코드

이 책의 예제 코드는 GitHub 저장소 *https://github.com/hanbit/web-with-fastapi*에서 다운로드할 수 있다. 여러분이 수월하게 실습할 수 있도록 원서 코드에서 오류가 있는 부분을 수정했으며, 본문 내용이 예제 코드와 다른 부분도 올바르게 고쳤다. 코드가 변경되는 경우 이 저장소에도 변경 내용이 반영된다.

원서의 저자가 제공하는 코드는 *https://github.com/PacktPublishing/Building-Python-Web-APIs-with-FastAPI*에서 확인할 수 있다.

참고 자료

저자의 블로그 *https://www.youngest.dev*를 참고하면 다음의 내용을 추가로 실습할 수 있다.

- Okteto를 사용한 방명록 구축 가이드 및 동영상 강의

  https://www.okteto.com/blog/authors/abdulazeez-abdulazeez-adeshina

  (유튜브 동영상 강의 *https://www.youtube.com/playlist?list=PLVcXGaCKg-Y3BuoXztK_RLbZFVMXmTEpE*)

- 몽고DB, JWT 인증, 리액트를 활용한 FastAPI 애플리케이션 구축 예제

  https://testdriven.io/authors/adeshina/

▶▶ 목차

PART 1   FastAPI 시작하기

CHAPTER 1   FastAPI 소개

▶▶ 목차

CHAPTER 6 데이터베이스 연결

PART 1

FastAPI 시작하기

FastAPI 프레임워크를 배우기에 앞서 이 책의 전반에 걸쳐 사용되는 기술들을 살펴본다. 학습을 마치면 라우팅, 파일 처리, 오류 처리, 응답 모델 구축, 템플릿 등 FastAPI와 관련된 다양한 지식을 얻을 수 있다.

PART 1에서 다루는 주제는 다음과 같다.

CHAPTER
1

FastAPI 소개

이 책에서는 파이썬 기반 웹 프레임워크인 FastAPI를 사용한다. FastAPI는 빠르고 가벼우며 플라스크^{Flask}나 장고^{Django}와 같은 프레임워크보다 배우기 쉽다. 최근에는 웹 API 개발뿐만 아니라 머신러닝 모델 배포 등에도 폭넓게 사용된다.

CHAPTER 1에서는 개발 환경을 구축하고 간단한 FastAPI 애플리케이션을 개발한다. 먼저 애플리케이션을 구축할 때 코드의 변경 내용을 저장, 추적, 조회할 수 있도록 버전 관리 시스템인 Git에 관해 설명한다. 그런 다음 pip을 사용한 패키지 처리 방법과 virtualenv 및 도커^{Docker}를 사용한 독립된 개발 환경 구축 방법을 다룬다. 마지막으로 'Hello World' 애플리케이션을 만들면서 FastAPI 기초를 학습한다.

FastAPI 애플리케이션을 구축하려면 앞서 언급한 기술들을 이해해야 한다. 이 기술들은 FastAPI뿐만 아니라 다른 곳에도 쓰일 수 있다. 따라서 여러분의 전반적인 기술력 향상에 도움이 될 것이다.

CHAPTER 1에서 다루는 내용은 다음과 같다.

- Git 기초
- virtualenv를 사용한 개발 환경 구축
- pip을 사용한 패키지 관리
- 도커의 기본 개념과 설정 방법
- 간단한 FastAPI 애플리케이션 개발

학습을 마치면 Git 사용법, pip을 사용한 패키지 설치 및 관리, virtualenv와 도커를 사용한 독립된 개발 환경 구축 방법을 알 수 있으며 간단한 FastAPI 애플리케이션을 개발할 수 있다.

1.1 Git 기초

Git은 버전 관리 시스템으로, 개발자가 파일을 기록 및 추적하거나 이전 버전으로 복원할 수 있게 해준다. 운영체제에 상관없이 설치 가능한 탈중앙화 방식의 가벼운 도구다.

여기서는 기록(저장) 목적으로 Git 사용법을 학습한다. 애플리케이션의 각 계층을 구축하다 보면 변경이 빈번하게 발생하기 때문에 변경 내용을 모두 기록하고 추적하는 것은 매우 중요하다.

Git 설치

Git 문서[1]에 접속해 운영체제를 선택하면 다운로드 페이지가 나타난다. 이 페이지에서는 설치 방법도 안내하고 있으니 읽어보도록 하자. 참고로 Git은 명령줄 인터페이스command-line interface(CLI)와 그래픽 사용자 인터페이스graphical user interface(GUI) 이렇게 두 가지 버전을 제공한다. 원하는 것을 선택해 사용할 수 있으며 둘 다 사용할 수도 있다.

Git 실행

앞서 언급했듯이 Git을 사용하면 파일을 기록하고 변경 내용을 추적할 수 있으며 이전 버전으로 되돌리는 것 또한 가능하다. 여기서는 이 책에서 사용하는 Git의 기본적인 기능만 설명한다.

Git을 실행하려면 먼저 파일을 관리할 폴더를 초기화해야 한다. 폴더를 Git으로 초기화하면 해당 폴더 내의 모든 파일을 추적하고 관리할 수 있다(관리 대상에서 제외시킬 수도 있다). 새로운 Git 저장소repository를 초기화하려면 폴더를 하나 생성한 후 해당 폴더에서 다음 명령을 실행하면 된다. 터미널(또는 명령 프롬프트)에서 명령을 실행해보자.

---

1 https://git-scm.com/downloads

```
$ git init
```

파일을 추적하려면 해당 파일을 저장소에 추가하고 커밋^{commit} 해야 한다. Git 커밋을 통해 시간의 흐름에 따른 파일 변경 내용을 추적할 수 있다. 예를 들어 한 시간 전에 커밋한 파일과 현재 버전의 파일을 비교할 수 있다.

커밋

커밋은 특정 시점의 파일이나 폴더의 상태를 저장하는 것으로, 각 커밋은 고유한 식별 코드를 지닌다.

커밋이 무엇인지 알았으니 다음과 같이 하나의 파일을 실제로 커밋해보자.[2]

```
$ git add hello.txt
$ git commit -m "Initial commit"
```

만약 파일이 변경되면 다음 명령을 사용해 파일 상태를 추적할 수 있다.

```
$ git status
```

명령을 실행하면 [그림 1-1]과 같은 화면을 볼 수 있다.

```
youngestdev@Abduls-MacBook-Air:~/Documents/FastAPI-Book
→ FastAPI-Book git:(main) x git add hello.txt
→ FastAPI-Book git:(main) x git commit -m "Initial commit"
[main (root-commit) eda7e6c] Initial commit
 1 file changed, 0 insertions(+), 0 deletions(-)
 create mode 100644 hello.txt
→ FastAPI-Book git:(main) echo "This is a new addition  to the file" > hello.tx
t
→ FastAPI-Book git:(main) x git status
On branch main
Changes not staged for commit:
  (use "git add <file>..." to update what will be committed)
  (use "git restore <file>..." to discard changes in working directory)
        modified:   hello.txt

no changes added to commit (use "git add" and/or "git commit -a")
→ FastAPI-Book git:(main) x git diff hello.txt
→ FastAPI-Book git:(main) x
```

그림 1-1 Git 명령 실행

2　옮긴이_ git init을 실행한 폴더에서 명령을 실행해야 한다. 만약 hello.txt라는 파일이 없다면 빈 파일을 만들면 된다.

파일의 변경 내용을 보려면 다음 명령을 실행하면 된다. 어떤 내용이 추가 및 삭제됐는지 알 수 있다.

```
$ git diff hello.txt
```

명령을 실행하면 [그림 1-2]와 같은 화면을 볼 수 있다.

그림 1-2 git diff 명령 실행 결과

모든 폴더에 .gitignore 파일을 추가하는 것은 좋은 습관이다.[3] .gitignore 파일에는 Git의 관리 대상에서 제외할 파일이나 폴더를 지정할 수 있다. 예를 들어 .env 같은 환경 파일을 제외하고 싶다면 .gitignore 파일에 추가하면 된다. 직접 실습해보자.

다음 명령을 사용해서 .gitignore 파일을 만들어보자.

```
$ touch .gitignore
```

윈도우에서는 다음 명령을 실행하거나 탐색기를 사용해 신규 파일을 생성할 수 있다.

```
c:\code\fastapi\>rem. > .gitignore
```

3　옮긴이_ gitignore.io 웹 사이트를 이용하면 .gitignore 파일을 쉽게 구성할 수 있다.

앞서 언급한 .env 파일을 Git의 관리 대상에서 제외하려면 다음과 같이 .gitignore 파일에 추가하면 된다.

```
$ echo ".env" >> .gitignore
```

일반적으로 다음과 같은 파일을 .gitignore에 추가한다.

- 환경 파일(.env)
- virtualenv 폴더(env, venv)
- IDE 메타데이터 폴더(.vscode, .idea)

Git 브랜치

브랜치^{branch}는 개발자가 서로 다른 애플리케이션 기능이나 버그 등을 개별적으로 작업할 수 있게 해준다. 또한 개별 브랜치를 메인 브랜치에 병합할 수 있다. 브랜치 구조는 모든 애플리케이션에서 사용 가능하며 풀 리퀘스트^{pull request}를 통해 코드를 검토하고 협업하는 문화가 조성되도록 한다. 핵심 브랜치를 메인 브랜치(또는 마스터 브랜치)라고 하며 이 브랜치를 기준으로 다른 브랜치를 만들 수 있다.

기존 브랜치를 기준으로 새로운 브랜치를 만들때는 git checkout -b newbranch 명령을 사용한다. 다음과 같이 새로운 브랜치를 만들어보자.

```
$ git checkout -b hello-python-branch
```

이 명령은 기존 브랜치를 기준으로 hello-python-branch라는 새로운 브랜치를 만들고, 만들어진 브랜치를 활성^{active} 브랜치로 설정한다. 다음 명령을 사용하면 활성 브랜치를 메인 브랜치로 다시 변경할 수 있다.

```
$ git checkout main
```

git checkout main 명령은 메인 브랜치를 활성 브랜치로 설정한다.

반면 git checkout -b newbranch는 현재 브랜치에서 newbranch라는 이름의 새 브랜치를 만든 다음 활성 브랜치로 설정한다. 더 자세한 내용은 Git 문서[4]를 참고하자.

Git의 기본 명령을 간단히 살펴봤다. 이제 virtualenv를 사용해 독립된 개발 환경을 구축해보자.

1.2 virtualenv를 사용한 개발 환경 구축

일반적으로 파이썬 애플리케이션은 가상 환경$^{virtual\ environment}$을 사용해 개발된다. 가상 환경에서 애플리케이션을 개발하면 특정 패키지를 시스템에 전역^{global}으로 설치하지 않아도 된다. 또한 서로 다른 애플리케이션을 동시에 개발할 때 발생할 수 있는 충돌을 피할 수 있다.

가상 환경은 독립된 환경이기 때문에 애플리케이션 의존성이 해당 환경 내에만 존재한다. 즉, 애플리케이션은 가상 환경 내에 있는 패키지에만 접근할 수 있다.

가상 환경 생성

파이썬 3를 설치하면 기본으로 표준 라이브러리의 venv 모듈이 함께 설치되는데 이 모듈이 가상 환경을 생성한다. 다음 명령을 사용하여 todos라는 폴더를 만들고 이 폴더 안에 가상 환경을 생성해보자.

```
$ mkdir todos && cd todos
$ python3 -m venv venv
```

윈도우에서는 다음 명령을 사용한다.[5]

```
c:\code\todos> mkdir todos && cd todos
c:\code\todos> python -m venv venv
```

---

4 *https://www.git-scm.com/doc*(한글 매뉴얼은 *https://wiki.kldp.org/Translations/html/Git-User-Manual/*에서 확인할 수 있다)

5 옮긴이_python3가 아닌 python을 실행해야 하는 경우도 있다. 보통 파이썬 2와 파이썬 3가 모두 설치되어 있으면 python3라고 버전을 명시해야 한다. 반대로 파이썬 2가 설치되어 있지 않고 파이썬 3만 있다면 python을 실행해도 python3가 실행된다.

venv 모듈은 가상 환경을 설치할 폴더명을 인수로 지정한다(즉, 두 번째 venv는 가상 환경으로 사용할 폴더명이다). 생성된 가상 환경 폴더(venv)에는 파이썬 인터프리터가 설치된 lib 폴더와 가상 환경 내에서 상호 작용(가상 환경 활성화/비활성화 등)이 필요한 파일을 저장하는 bin 폴더가 있다.[6]

가상 환경 활성화/비활성화

가상 환경을 활성화하는 명령은 다음과 같다.

```
$ source venv/bin/activate
```

윈도우에서는 다음 명령을 사용한다.

```
c:\code\todos>venv\Scripts\activate
```

가상 환경이 활성화되면 해당 환경 내에 있는 파이썬 인터프리터와 패키지를 기본으로 사용한다. 가상 환경이 제대로 활성화됐다면 [그림 1-3]과 같이 venv라는 가상 환경 폴더명이 프롬프트 앞에 표시된다.

그림 1-3 가상 환경 폴더명이 표시된 프롬프트

---

6 옮긴이_윈도우에서는 bin 폴더 대신 Scripts 폴더가 생성된다.

가상 환경을 비활성화하는 명령은 다음과 같다.

```
deactivate
```

명령을 실행하면 [그림 1-4]와 같이 즉시 가상 환경에서 빠져나오며 프롬프트 앞에 있던 폴더 명이 사라진다.

그림 1-4 가상 환경 비활성화

pipenv 또는 poetry으로도 가상 환경을 생성하고 애플리케이션의 의존 라이브러리를 관리할 수 있다.

가상 환경이 만들어졌으니 pip을 사용한 패키지 관리 방법을 알아보자.

1.3 pip을 사용한 패키지 관리

FastAPI 애플리케이션은 패키지를 기반으로 만들어진다. 따라서 패키지를 설치하거나 삭제하고 업데이트할 수 있도록 패키지 관리 방법을 잘 알고 있어야 한다.

소스 코드로 된 패키지를 설치하는 것은 매우 귀찮은 일이다. 대부분 .tar.gz 파일을 다운로드한 후 이를 압축 해제하고 수동으로 설치해야 한다. 패키지 100개를 설치해야 하는 상황이라면 이 방법은 너무 번거롭다. 이 과정을 자동화할 수는 없을까?

pip을 사용하면 패키지 설치 과정을 자동화할 수 있다. pip은 파이썬 패키지 관리 도구로, 자바스크립트에서 사용되는 yarn과 유사하다.

pip 설치

pip은 파이썬 설치 시 함께 설치된다. 다음 명령을 사용해 pip이 설치됐는지 확인할 수 있다.

```
$ python3 -m pip list
```

윈도우에서는 다음 명령을 사용한다.

```
c:\code\todos\python -m pip list
```

명령을 실행하면 [그림 1-5]와 같이 설치된 패키지 목록이 표시된다.[7] 목록에 pip이 포함되어 있다면 계속해서 실습을 진행할 수 있다.

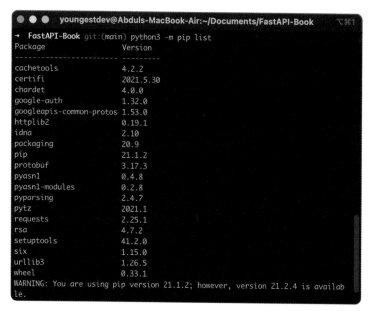

그림 1-5 설치된 파이썬 패키지 목록

---

7 옮긴이_파이썬을 처음 설치했다면 표시되는 패키지의 수가 적을 것이다.

만약 명령을 실행했는데 pip이 없거나 오류가 발생한다면 pip 문서[8]의 안내에 따라 pip을 설치하면 된다.[9]

기본 명령

pip의 기본 명령을 알아보자. pip으로 fastapi 패키지를 설치하려면 다음 명령을 사용하면 된다.[10] 맥이나 리눅스 등 유닉스 기반 운영체제에서는 전역 패키지 설치를 위해 sudo 키워드를 사용해야 할 수도 있다.

```
$ pip install fastapi
```

패키지를 제거하려면 다음 명령을 실행하면 된다.

```
$ pip uninstall fastapi
```

현재 프로젝트에 설치된 모든 패키지 목록을 파일로 저장하려면 다음과 같이 freeze 명령과 > 연산자를 사용하면 된다.

```
$ pip freeze > requirements.txt
```

> 연산자는 왼쪽 명령의 실행 결과를 오른쪽 파일에 저장한다. 여기서는 pip freeze가 반환하는 패키지 목록이 requirements.txt 파일[11]에 저장된다.

requirements.txt 같은 텍스트 파일을 사용해서 필요한 패키지를 일괄 설치할 수 있다. 다음 명령을 실행해보자.

---

8 *https://pip.pypa.io/en/stable/installation/*

9 옮긴이_ *python.org*와 같은 공식 사이트에서 파이썬을 다운로드하면 pip이 같이 설치된다. 만약 pip이 없다면 pip을 설치하는 것보다 파이썬을 다시 설치하는 것이 더 쉬울 것이다.

10 옮긴이_ 반드시 가상 환경이 활성화된 상태에서 패키지를 설치하자. 가상 환경 밖에서 설치하면 PC 전체에 패키지가 설치되므로 PC가 지저분해지고 개발 환경이 뒤섞여 충돌이 발생할 수도 있다.

11 옮긴이_ 반드시 requirements.txt라는 파일명을 사용하지 않아도 되지만 requirements.txt가 일반적으로 사용되는 파이썬의 코드 컨벤션이다.

```
$ pip install -r requirements.txt
```

이 명령은 배포할 때 주로 활용된다.

지금까지 pip의 기본 개념을 이해하고 명령어들을 실행해봤다. 다음으로 도커에 관해 알아보자.

1.4 도커 설정

오늘날 애플리케이션은 여러 계층(데이터베이스, 웹 서버 등)으로 구성된다. 따라서 애플리케이션을 쉽게 배포하려면 모든 구성 요소를 하나로 묶어야 한다. 여기서는 도커를 사용해 애플리케이션 계층을 단일 이미지로 컨테이너화한다. 이렇게 하면 애플리케이션을 클라우드나 로컬에 쉽게 배포할 수 있다.

참고로 도커파일Dockerfile과 도커 구성docker-compose 파일을 사용하면 애플리케이션 이미지를 업로드하거나 공유할 필요가 없다. 도커파일을 사용해서 새 버전의 애플리케이션을 바로 구축하고 도커 구성 파일을 사용해서 배포할 수 있다. 애플리케이션 이미지는 도커 허브Docker Hub에 저장(푸시push)했다가 다시 추출(풀pull)해서 사용할 수 있다.

도커를 설치하려면 먼저 웹 사이트[12]에서 도커 데스크톱을 다운로드해야 한다.

도커파일

도커파일에는 애플리케이션 이미지의 구성 방법을 정의한다.

```
FROM python:3.8
WORKDIR /usr/src/app          ❶
ADD . /usr/src/app            ❷
CMD ["python", "hello.py"]    ❸
```

---

12 https://docs.docker.com/get-docker/

① 작업 디렉터리를 /usr/src/app으로 설정한다.

② 현재 로컬 디렉터리의 파일을 컨테이너의 작업 디렉터리로 복사한다.

③ 명령을 실행한다.

이 도커파일을 사용해서 getting_started라는 태그를 가진 애플리케이션 이미지를 생성해 보자.[13]

```
$ docker build -t getting_started .
```

도커파일이 현재 디렉터리에 없다면 명령 실행 시 다음과 같이 경로를 명시해야 한다.

```
$ docker build -t getting_started ch01/Dockerfile
```

컨테이너 이미지가 생성됐다면 다음 명령으로 실행하면 된다.[14]

```
$ docker run getting-started
```

도커는 간단하게 컨테이너를 생성하고 관리하는 도구다. 여기서는 아주 기초적인 명령만 살펴 보았으며 자세한 내용은 〈CHAPTER 9 배포〉에서 다룬다.

1.5 간단한 FastAPI 애플리케이션 개발

드디어 첫 번째 FastAPI 프로젝트를 시작할 차례다. 목표는 간단한 애플리케이션을 구축해보면 서 FastAPI를 경험해보는 것이다. 그런 다음 점진적으로 FastAPI에 관해 학습해나갈 것이다.

먼저 앞서 만든 todos 폴더에 애플리케이션에 필요한 의존 라이브러리와 패키지를 설치한다. 필요한 라이브러리는 다음과 같다.

---

13 옮긴이_이 명령어는 도커파일이 있는 곳에서 수행해야 한다. 이후 docker 명령을 실행하려면 도커 데스크톱을 다운로드한 후 도커를 실 행한 상태로 두어야 한다.

14 옮긴이_실제 도커를 실행해보려면 ch01 폴더의 hello.py 파일이 있는 곳에서 명령을 실행해야 한다.

- **fastapi**: 애플리케이션을 구축하기 위해 필요한 프레임워크

- **uvicorn**: 애플리케이션을 실행하기 위한 비동기[asynchronous] 방식[15] 서버 게이트웨이 인터페이스

설치에 앞서 프로젝트 폴더(todos)에서 다음 명령을 실행해 개발 환경(가상 환경)을 활성화한다.

```
$ source venv/bin/activate
```

윈도우에서는 다음과 같이 실행한다.

```
c:\fastapi\todos\>venv\Scripts\activate
```

다음 명령을 사용해서 의존 라이브러리를 설치한다.

```
(venv)$ pip install fastapi uvicorn
```

이제 api.py라는 파일을 만들어 FastAPI의 새 인스턴스를 생성한다.

```
from fastapi import FastAPI

app = FastAPI()
```

app 변수에 FastAPI를 초기화해서 라우트[route]를 생성할 수 있다. 웰컴 라우트를 만들어보자.

우선 데코레이터[decorator]를 사용해 처리 유형을 정의하고 라우트가 호출됐을 때 실행할 처리를 함수로 작성한다. 다음 코드는 GET 유형의 요청을 받아서 환영 메시지를 반환하는 "/" 라우트를 만든다.[16]

```
@app.get("/")
async def welcome() -> dict:
    return {
        "message": "Hello World"
    }
```

---

15 옮긴이_비동기의 작업 방식은 하나의 작업 단위에서 요청과 응답이 이루어지지 않는 방식이다.

16 옮긴이_앞서 만든 api.py 파일의 마지막 줄에 코드를 추가하면 된다.

이제 uvicorn을 사용해 애플리케이션을 시작해보자.

```
(venv)$ uvicorn api:app --port 8000 --reload
```

uvicorn을 실행할 때 지정하는 인수는 다음과 같다.

- **file:instance**: FastAPI 인스턴스가 존재하는 파이썬 파일과 FastAPI 인스턴스를 가지고 있는 변수를 지정한다.
- **--port PORT**: 애플리케이션에 접속할 수 있는 포트 번호를 지정한다.
- **--reload**: 선택적 인수로, 파일이 변경될 때마다 애플리케이션을 재시작한다.

실행 결과는 다음과 같다.

```
(venv)$ todos uvicorn api:app --port 8000 --reload
INFO:      Will watch for changes in these directories: ['/Users/youngestdev/
Documents/todos']
INFO:      Uvicorn running on http://127.0.0.1:8000 (Press  Ctrl + C  to quit)
INFO:      Started reloader process [3982] using statreload
INFO:      Started server process [3984]
INFO:      Waiting for application startup.
INFO:      Application startup complete.
```

이제 애플리케이션이 제대로 실행되고 있는지 테스트해보자. 새 터미널 창을 열고 curl을 사용해 GET 요청을 보낸다.

```
$ curl http://localhost:8000/
```

그러면 다음과 같은 환영 메시지를 콘솔에서 볼 수 있다.[17]

```
{
    "message":"Hello World"
}
```

---

17 옮긴이_브라우저를 열어서 *http://localhost:8000/*에 접속해도 동일한 결과를 볼 수 있다.

CHAPTER 1에서는 개발 환경을 구축하기 위해 필요한 도구를 설치했다. 그리고 간단한 API를 만들어서 FastAPI가 어떻게 작동하는지 살펴보고 라우트 생성 방법도 학습했다.

CHAPTER 2에서는 FastAPI의 라우팅^{routing}을 자세히 다룬다. 먼저 pydantic을 사용해 요청 페이로드와 응답을 검증하는 모델을 개발한다. 그런 다음 경로 매개변수와 쿼리 매개변수, 요청 바디$^{request\ body}$를 학습하고 CRUD (데이터 생성^{create}, 조회^{read}, 변경^{update}, 삭제^{delete}) 처리가 가능한 todo 애플리케이션을 만든다.

CHAPTER 2 ▶ 라우팅

라우팅은 웹 애플리케이션을 구축하는 데 있어 핵심적인 부분으로, 클라이언트가 서버로 보내는 HTTP 요청을 처리하는 프로세스다. HTTP 요청이 지정한 라우트로 전송되면 미리 정의된 로직이 해당 요청을 처리해서 반환(응답)한다.

FastAPI의 라우팅은 사용하기 쉽고 유연하며 소규모는 물론 대규모 애플리케이션 개발 시에도 사용할 수 있는 핵심 기술이다. CHAPTER 2에서는 APIRouter 인스턴스를 사용해 라우트를 생성하는 방법과 메인 FastAPI 애플리케이션에 접속하는 방법을 다룬다. 또한 모델이 무엇인지 소개하고 이를 사용해 요청 바디를 검증한다. 마지막으로 경로 및 쿼리 매개변수를 FastAPI 애플리케이션에 적용하는 방법도 학습한다.

CHAPTER 2에서 다루는 내용은 다음과 같다.

- FastAPI의 라우팅
- APIRouter 클래스
- pydantic 모델을 사용한 검증
- 경로 매개변수와 쿼리 매개변수
- 요청 바디
- 간단한 CRUD 애플리케이션 개발

2.1 FastAPI의 라우팅

라우트는 HTTP 요청 메서드의 요청을 수락하고 선택적으로 인수를 받을 수 있도록 정의된다. 요청이 특정 라우트로 전달되면 애플리케이션은 라우트 처리기[route handler]가 요청을 처리하기 전에 해당 라우트가 정의되어 있는지 확인한다. 라우트 처리기는 서버로 전송된 요청을 처리하는 함수다. 라우트 처리기의 예로는 요청을 받아 데이터베이스에서 특정 데이터를 추출하는 함수가 있다.[18]

HTTP 요청 메서드

HTTP 요청 메서드는 HTTP 메서드 처리 유형을 정의하는 식별자다. 표준 메서드에는 GET, POST, PUT, PATCH, DELETE 등이 있다. 각 메서드를 자세히 알고 싶다면 웹 사이트[19]를 참고하자.

라우팅 예

〈CHAPTER 1 FastAPI 소개〉의 마지막 부분에서 단일 라우트 애플리케이션을 만들었다. 이 애플리케이션에서는 다음과 같이 app 변수로 초기화한 FastAPI() 인스턴스를 사용해서 라우팅을 처리했다.

```
from fastapi import FastAPI
app = FastAPI()

@app.get("/")

async def welcome() -> dict:
    return {
        "message": "Hello World"
    }
```

그리고 다음과 같이 uvicorn 도구가 FastAPI() 인스턴스를 가리키도록 했다.

---

18 옮긴이_설명을 추가하자면, 라우팅은 요청을 HTTP 메서드 종류와 라우트에 맞게 분배하는 것을 의미한다.

19 *https://developer.mozilla.org/ko/docs/Web/HTTP/Methods*

```
(venv)$ uvicorn api:app --port 8000 --reload
```

이렇게 FastAPI() 인스턴스를 라우팅 작업에 사용할 수 있다. 그러나 이 방식은 라우팅 중에 단일 경로만 고려하는 애플리케이션에서 일반적으로 사용된다. 고유한 함수를 처리하는 각각의 라우트가 FastAPI() 인스턴스를 사용하는 경우 애플리케이션은 한 번에 여러 라우트를 처리할 수 없다. uvicorn이 하나의 엔트리 포인트만 실행할 수 있기 때문이다.

그렇다면 여러 함수를 사용하는 연속적인 라우트 처리는 어떻게 할 수 있을까? APIRouter 클래스를 사용하면 다중 라우팅이 허용되므로 이 문제를 해결할 수 있다. 다음 절에서 살펴보자.

2.2 APIRouter 클래스를 사용한 라우팅

APIRouter 클래스는 다중 라우팅을 위한 경로 처리 클래스로, fastapi 패키지에 포함되어 있다. APIRouter 클래스를 통해 애플리케이션 라우팅과 로직을 독립적으로 구성하고 모듈화할 수 있다.

fastapi 패키지에서 APIRouter 클래스를 임포트[import]한 후 APIRouter() 인스턴스를 생성할 수 있다. 라우팅 메서드는 다음과 같이 APIRouter() 인스턴스를 사용해 생성한다.

```python
from fastapi import APIRouter

router = APIRouter()

@router.get("/hello")
async def say_hello() -> dict:
    return {
        "message": "Hello!"
    }
```

APIRouter 클래스를 사용해서 새로운 라우트와 라우트 처리기를 만들어보자. 여기서 todos를 생성 및 추출하는 함수를 만든다. 먼저 CHAPTER 1에서 만든 todos 폴더에 todo.py라는 새로운 파일을 만들자.

```
(venv)$ touch todo.py
```

윈도우에서는 다음 명령을 사용하거나 탐색기를 사용해 신규 파일을 생성할 수 있다.

```
C:\code\fastapi\todos>rem. > todo.py
```

이제 생성된 파일 안에 코드를 작성하면 된다. 먼저 APIRouter 클래스를 fastapi 패키지에서 임포트한 후 APIRouter() 인스턴스를 만든다.

```
from fastapi import APIRouter

todo_router = APIRouter()
```

다음으로 앱 내부 데이터베이스를 임시로 만들고 todos를 생성 및 추출하는 라우트를 정의한다.

```
from fastapi import APIRouter

todo_router = APIRouter()

todo_list = []

@todo_router.post("/todo")
async def add_todo(todo: dict) -> dict:
    todo_list.append(todo)
    return {
        "message": "Todo added successfully."
    }

@todo_router.get("/todo")
async def retrieve_todos() -> dict:
    return {
        "todos": todo_list
    }
```

이 코드에서는 todo 처리를 위해 두 개의 라우트를 추가한다. 첫 번째 라우트는 todo_list에 todo를 추가하는 POST 메서드이고, 두 번째 라우트는 모든 todo 아이템을 todo_list에서 조회하는 GET 메서드다.

이것으로 todo 라우트 작성이 끝났다. 이제 이 애플리케이션을 서버에서 실행한 다음 제대로 작동하는지 테스트해보자.

APIRouter 클래스는 FastAPI 클래스와 동일한 방식으로 작동한다. 하지만 uvicorn은 APIRouter( )
인스턴스를 사용해서 애플리케이션을 실행할 수 없다. APIRouter 클래스를 사용해 정의한 라우
트를 FastAPI( ) 인스턴스에 추가해야 외부에서 접근 가능하다.

todo 라우트를 외부로 공개하기 위해 include_router( ) 메서드를 사용하여 todo_router를
FastAPI( ) 인스턴스에 추가해보자.

 include_router( )

include_router(router1, router2, ...) 메서드는 **APIRouter** 클래스로 정의한 라우트를 메인 애
플리케이션의 인스턴스로 추가한다. 이렇게 하면 라우트를 전체 애플리케이션에서 사용할 수 있다.

먼저 api.py 파일에 다음과 같이 todo.py 파일에서 생성한 todo_router를 임포트한다.

```
from todo import todo_router
```

todo_router를 애플리케이션에 추가하려면 다음과 같이 FastAPI( ) 인스턴스의 include_router( )
메서드를 사용해야 한다.[20]

```
from fastapi import FastAPI
from todo import todo_router

app = FastAPI()

@app.get("/")
async def welcome() -> dict:
    return {
        "message": "Hello World"
    }

app.include_router(todo_router)
```

---

20 옮긴이_쉽게 테스트를 진행할 수 있도록 todos에 모든 파일을 모아서 작성했다.

모든 준비가 끝났다. 터미널에서 애플리케이션을 실행해보자.

```
(venv)$ uvicorn api:app --port 8000 --reload
```

애플리케이션이 실행되면서 다음과 같이 애플리케이션 로그가 실시간으로 표시된다.

```
(venv) → todos git:(main) ✗ uvicorn api:app --port 8000 --reload
INFO:    Will watch for changes in these directories: ['/Users/youngestdev/Work/
Building-Web-APIs-with-FastAPI-and-Python/ch02/todos']
INFO:    uvicorn running on http://127.0.0.1:8000 (Press [Ctrl]+[C] to quit)
INFO:    Started reloader process [4732] using statreload
INFO:    Started server process [4734]
INFO:    Waiting for application startup.
INFO:    Application startup complete.
```

이제 curl로 GET 요청을 전송해 애플리케이션이 제대로 실행되는지 테스트해보자.

```
(venv)$ curl http://127.0.0.1:8000/
```

명령을 실행하면 다음과 같은 응답이 콘솔에 표시된다.

```
{
    "message":"Hello World"
}
```

todo 라우트가 제대로 실행되는지 확인해보자.

```
(venv)$ curl -X 'GET' 'http://127.0.0.1:8000/todo' -H 'accept: application/json'
```

윈도우에서는 GET과 URL에 작은따옴표를 붙이지 않고 나머지 매개변수에는 큰따옴표를 붙인다.

```
c:\code\fastapi\todos>curl -X GET http://127.0.0.1:8000/todo -H "accept:
application/json"
```

명령을 실행하면 다음과 같은 응답이 콘솔에 표시된다.

```
{
    "todos": []
}
```

todo 라우트가 실행된다! 이제 POST 요청을 전달해서 아이템을 todo_list에 추가해보자.

```
(venv)$ curl -X 'POST' \
  'http://127.0.0.1:8000/todo' \
  -H 'accept: application/json' \
  -H 'Content-Type: application/json' \
  -d '{
  "id": 1,
  "item": "First Todo is to finish this book!"
}'
```

윈도우에서는 다음과 같이 큰따옴표를 사용한다. 큰따옴표 안의 큰따옴표는 \를 사용해 이스케이프 처리해야 한다.

```
curl -X POST http://127.0.0.1:8000/todo
  -H "accept: application/json"
  -H "Content-Type: application/json"
  -d "{\"id\":1, \"item\":\"First Todo is to finish this book!\"}"
```

명령을 실행하면 다음과 같은 응답이 콘솔에 표시된다.

```
{
    "message": "Todo added successfully."
}
```

지금까지 APIRouter 클래스의 작동 방식과 메인 애플리케이션 인스턴스를 설정해 추가로 정의한 라우트 사용법을 살펴봤다. 이 절에서 만든 todo 라우트에는 스키마^{schema}라는 모델이 누락되어 있다. 다음 절에서 pydantic을 사용해 모델을 정의하고 사용해보자.

2.3 pydantic 모델을 사용한 요청 바디 검증

FastAPI에서는 정의된 데이터만 전송되도록 요청 바디를 검증^{validation}할 수 있다. 이는 매우 중요한 기능이다. 요청 데이터가 적절한지 확인하고 악의적인 공격의 위험을 줄여주기 때문이다.

FastAPI에서 모델은 데이터가 어떻게 전달되고 처리돼야 하는지를 정의하는 구조화된 클래스다. 모델은 pydantic의 BaseModel 클래스의 하위 클래스로 생성된다.

pydantic

pydantic은 파이썬의 타입 어노테이션^{type annotation}을 사용해서 데이터를 검증하는 파이썬 라이브러리다.

모델은 요청 바디 객체와 요청 응답^{request-response} 객체의 유형에 관한 힌트를 제공한다. 여기서는 pydantic을 사용해 요청 바디를 검증하는 부분만 살펴본다.

다음은 예제 모델이다.

```python
from pydantic import BaseModel

class PacktBook(BaseModel):
    id: int
    Name: str
    Publishers: str
    Isbn: str
```

PacktBook 모델은 pydantic의 BaseModel 클래스의 하위 클래스로 정의되며 네 개의 필드만 갖는다. 이제 이 pydantic 모델을 사용해 입력값을 검증해보자.

앞서 todo 애플리케이션에서는 아이템을 todo_list에 추가하는 라우트를 정의했으며 이 라우트는 다음과 같이 요청 바디를 딕셔너리^{dictionary}로 받는다.

```python
async def add_todo(todo: dict) -> dict:
    ...
```

POST 요청 예제에서는 다음과 같은 형식으로 데이터를 보냈다.

```
{
    "id": id,
    "item": item
}
```

하지만 빈 딕셔너리를 보내도 아무런 오류가 발생하지 않는다. 이 예제와 다른 형태의 요청 바디를 보낼 수도 있다. 필요한 요청 바디 구조를 모델로 만들어서 요청 바디의 유형(type)에 할당하면 모델에 정의된 데이터 필드만 처리한다.

예를 들어 이전 예에서 사용한 데이터만 요청 바디의 필드에 포함시키려면 model.py라는 파일을 새로 만들고 다음 코드를 추가하면 된다.

```
from pydantic import BaseModel

class Todo(BaseModel):
    id: int
    item: str
```

이 코드는 다음 두 개의 필드만 허용하는 pydantic 모델을 만든다.

- 정수형(int)인 id
- 문자열형(str)인 item

이 모델을 POST 라우트에 사용해보자. todo.py 파일에 다음과 같이 모델을 임포트한다.

```
from model import Todo
```

다음 코드는 요청 바디의 변수 유형을 dict에서 Todo로 변경한다.

```
todo_list = []

@todo_router.post("/todo")
async def add_todo(todo: Todo) -> dict:
    todo_list.append(todo)
    return {
        "message": "Todo added successfully."
    }
```

```
@todo_router.get("/todo")
async def retrieve_todos() -> dict:
    return {
        "todos": todo_list
    }
```

빈 딕셔너리를 요청 바디로 보내서 모델이 제대로 검증되는지 확인해보자.

```
(venv)$ curl -X 'POST' \
  'http://127.0.0.1:8000/todo' \
  -H 'accept: application/json' \
  -H 'Content-Type: application/json' \
  -d '{}'
```

윈도우에서는 다음과 같이 실행한다.

```
curl -X POST http://127.0.0.1:8000/todo
  -H "accept: application/json"
  -H "Content-Type: application/json"
  -d "{}"
```

명령을 실행하면 다음과 같이 요청 바디에 id와 item이 없다는 오류 메시지가 반환된다.

```
{
    "detail": [
        {
            "loc": [
                "body",
                "id"
            ],
            "msg": "field required",
            "type": "value_error.missing"
        },
        {
            "loc": [
                "body",
                "item"
            ],
            "msg": "field required",
            "type": "value_error.missing"
        }
```

```
        }
    ]
}
```

모델과 일치하는 데이터를 보내보자.

```
(venv)$ curl -X 'POST' \
  'http://127.0.0.1:8000/todo' \
  -H 'accept: application/json' \
  -H 'Content-Type: application/json' \
  -d '{
  "id": 2,
  "item": "Validation models help with input types"
}'
```

윈도우에서는 다음과 같이 실행한다.

```
curl -X POST http://127.0.0.1:8000/todo
  -H "accept: application/json"
  -H "Content-Type: application/json"
  -d "{\"id\":2, \"item\":\"Validation models helps with input types\"}"
```

모델과 일치하는 데이터를 보내면 다음과 같이 정상적인 응답을 받게 된다.

```
{
    "message": "Todo added successfully."
}
```

중첩 모델

pydantic 모델은 다음과 같이 중첩해서 정의할 수 있다.

```
class Item(BaseModel)
    item: str
    status: str
```

```
class Todo(BaseModel)
    id: int
    item: Item
```

결과적으로 Todo형의 데이터는 다음과 같이 표현된다.

```
{
    "id": 1,
    "item": {
        "item": "Nested models",
        "status": "completed"
    }
}
```

지금까지 모델이 무엇인지, 어떻게 만들고 사용하는지 살펴봤다. 모델은 이후에도 계속 사용되므로 잘 이해하고 넘어가야 한다. 이제 경로 매개변수와 쿼리 매개변수를 알아보자.

2.4 경로 매개변수와 쿼리 매개변수

이 절에서는 경로 매개변수와 쿼리 매개변수가 무엇인지 알아보고 라우팅에서의 역할과 사용 방법을 학습한다.

경로 매개변수

경로 매개변수는 리소스를 식별하기 위해 API 라우팅에 사용된다. 이 매개변수는 식별자 역할을 하며 웹 애플리케이션이 추가 처리를 할 수 있도록 연결 고리가 되기도 한다.

우리는 앞서 할 일(todo)을 추가하거나 모든 할 일 목록(todo_list)을 추출하는 라우트를 만들었다. 여기서는 하나의 todo 작업만 추출하는 새로운 라우트를 만든다. 먼저 todo의 ID를 경로 매개변수에 추가하자.

todo.py에 다음과 같이 새로운 라우트를 추가한다.

```python
from fastapi import APIRouter
from model import Todo

todo_router = APIRouter()

todo_list = []

@todo_router.post("/todo")
async def add_todo(todo: Todo) -> dict:
    todo_list.append(todo)
    return {
        "message": "Todo added successfully."
    }

@todo_router.get("/todo")
async def retrieve_todos() -> dict:
    return {
        "todos": todo_list
    }

@todo_router.get("/todo/{todo_id}")
async def get_single_todo(todo_id: int) -> dict:
    for todo in todo_list:
        if todo.id == todo_id:
            return {
                "todo": todo
            }
    return {
        "message": "Todo with supplied ID doesn't exist."
    }
```

여기서 {todo_id}가 바로 경로 매개변수다. 이 매개변수를 통해 애플리케이션이 지정한 ID와 일치하는 todo 작업을 반환할 수 있다.

추가한 라우트를 테스트해보자.

```
(venv)$ curl -X 'GET' \
  'http://127.0.0.1:8000/todo/1' \
  -H 'accept: application/json'
```

윈도우에서는 다음과 같이 실행한다.

```
curl -X GET http://127.0.0.1:8000/todo/1 -H "accept: application/json"
```

이 요청에서 1이 경로 매개변수에 해당한다. todo 애플리케이션에게 ID가 1인 todo 작업을 반환하라고 지시하는 것이다.

명령을 실행하면 다음과 같이 ID가 1인 todo가 반환된다.[21]

```
{
    "todo": {
        "id": 1,
        "item": "First Todo is to finish this book!"
    }
}
```

다음 코드에는 Path라는 클래스가 추가된다. Path는 FastAPI가 제공하는 클래스로, 라우트 함수에 있는 다른 인수와 경로 매개변수를 구분하는 역할을 한다. Path 클래스는 스웨거[Swagger]와 ReDoc 등으로 OpenAPI 기반 문서를 자동 생성할 때 라우트 관련 정보를 함께 문서화하도록 돕는다.

라우트 정의를 다음과 같이 수정해보자.

```
from fastapi import APIRouter, Path
from model import Todo

todo_router = APIRouter()

todo_list = []

@todo_router.post("/todo")
async def add_todo(todo: Todo) -> dict:
    todo_list.append(todo)
    return {
        "message": "Todo added successfully."
    }
```

---

21 옮긴이_uvicorn을 재실행하면 이전 데이터("id": 1)가 삭제됐을 수도 있다. 이 경우에는 〈2.2 APIRouter 클래스를 사용한 라우팅〉의 "id": 1 추가용 POST를 실행해서 데이터를 재등록하자.

```
@todo_router.get("/todo")
async def retrieve_todos() -> dict:
    return {
        "todos": todo_list
    }


@todo_router.get("/todo/{todo_id}")
async def get_single_todo(todo_id: int = Path(..., title="The ID of the todo to
retrieve.")) -> dict:
    for todo in todo_list:
        if todo.id == todo_id:
            return {
                "todo": todo
            }
    return {
        "message": "Todo with supplied ID doesn't exist."
    }
```

 Path(..., kwargs)

Path 클래스는 첫 인수로 None 또는 ...을 받을 수 있다. 첫 번째 인수가 ...이면 경로 매개변수를 반드시 지정해야 한다. 또한 경로 매개변수가 숫자이면 수치 검증을 위한 인수를 지정할 수 있다. 예를 들어 gt(greater than, ~보다 큰), le(less than, ~보다 작은)와 같은 검증 기호를 사용할 수 있다. 이를 통해 경로 매개변수에 사용된 값이 특정 범위에 있는 숫자인지 검증 가능하다.

쿼리 매개변수

쿼리 매개변수는 선택 사항이며 보통 URL에서 ?(물음표) 뒤에 온다. 제공된 쿼리를 기반으로 특정한 값을 반환하거나 요청을 필터링할 때 사용된다.

쿼리는 라우트 처리기의 인수로 사용되지만 경로 매개변수와 다른 형태로 정의된다. 예를 들면 다음과 같이 FastAPI Query 클래스의 인스턴스를 만들어서 라우트 처리기의 인수로 쿼리를 정의할 수 있다.

```
async query_route(query: str = Query(None):
    return query
```

쿼리 매개변수 사용법은 이 책의 후반부에서 todo보다 복잡한 애플리케이션을 만들 때 다시 살펴볼 것이다.

지금까지 FastAPI 애플리케이션에서의 라우트 생성, 요청 바디 검증, 경로 및 쿼리 매개변수에 관해 설명했다. 다음 절에서는 이 요소들을 사용해서 요청 바디를 구성해본다.

2.5 요청 바디

요청 바디는 POST와 UPDATE 등 라우팅 메서드를 사용해 API로 전달되는 데이터다.

POST와 UPDATE

POST 메서드는 새로운 데이터를 서버에 추가할 때 사용되고 **UPDATE** 메서드는 서버상에 있는 기존 데이터를 변경할 때 사용된다.

앞에서 다룬 POST 요청을 다시 보자.

```
(venv)$ curl -X 'POST' \
  'http://127.0.0.1:8000/todo' \
  -H 'accept: application/json' \
  -H 'Content-Type: application/json' \
  -d '{
  "id": 2,
  "item": "Validation models help with input types"
}'
```

이 요청에서 요청 바디는 다음과 같다.

```
{
    "id": 2,
    "item": "Validation models help with input types."
}
```

FastAPI는 추가 검증을 할 수 있는 Body 클래스를 제공한다.

지금까지 FastAPI의 모델에 관해 배웠다. 모델은 API 라우트와 요청 바디의 유형을 자동으로 문서화할 때도 사용된다. 다음 절에서 FastAPI 애플리케이션이 기본적으로 제공하는 문서화 기능을 알아보자.

FastAPI 자동 문서화

FastAPI는 모델의 JSON 스키마 정의를 생성하고 라우트, 요청 바디의 유형, 경로 및 쿼리 매개변수, 응답 모델 등을 자동으로 문서화한다. 문서는 다음 두 가지 유형으로 제공된다.

- 스웨거
- ReDoc

스웨거

스웨거는 인터랙티브 문서(사용자가 실행할 수 있는 문서)를 제공하여 API를 테스트할 수 있도록 돕는다. 스웨거 문서를 보려면 애플리케이션 주소의 끝에 /docs를 붙이면 된다. 브라우저를 열고 *http://127.0.0.1:8000/docs*에 접속하면 [그림 2-1]과 같은 화면을 볼 수 있다.

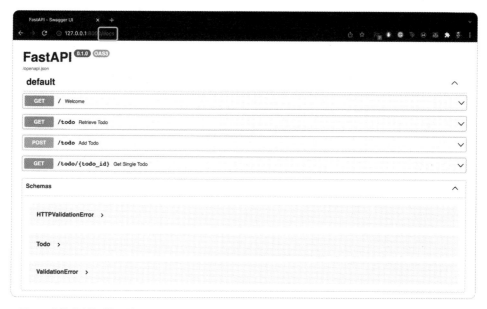

그림 2-1 스웨거의 문서화 포털

[그림 2-2]와 같이 인터랙티브 문서를 사용해 메서드를 테스트할 수 있다. 이 문서상에서 새로운 todo를 추가해보자.[22]

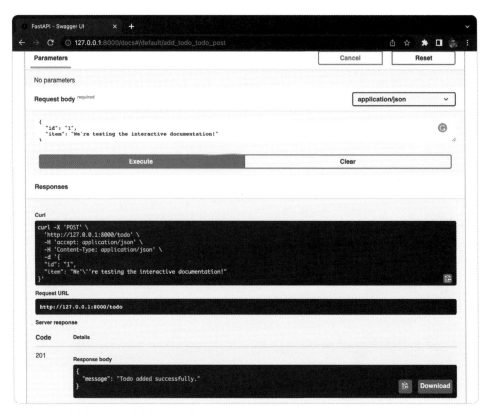

그림 2-2 인터랙티브 문서를 사용한 라우트 테스트

지금까지 스웨거의 인터랙티브 문서를 살펴봤다. 이제 ReDoc이 생성하는 문서를 살펴보자.

ReDoc

ReDoc 문서는 모델, 라우트, API에 관한 정보를 더 직관적이고 상세하게 전달한다. 애플리케이션 주소의 끝에 /redoc을 추가하면 ReDoc 문서를 볼 수 있다. 스웨거 문서와 마찬가지로 브라우저를 열고 *http://127.0.0.1:8000/redoc*에 접속하면 [그림 2-3]과 같은 화면을 볼 수 있다.

---

22 옮긴이_ 원서에는 그림만 있고 설명이 따로 없으므로 설명을 추가한다. 문서에서 Post /todo를 선택한 다음 [Try it Out] 버튼을 클릭하면 요청 바디를 입력할 수 있다. 여기서 id와 item을 입력한 후 아래에 있는 [Execute] 버튼을 클릭하면 실행 결과를 바로 확인할 수 있다.

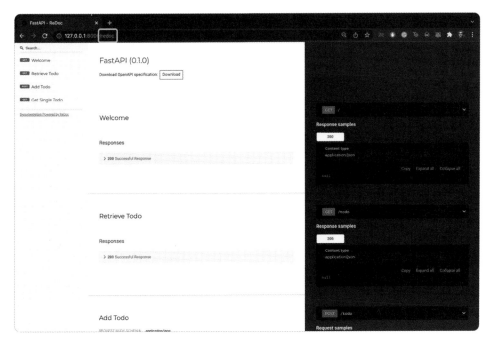

그림 2-3 ReDoc의 문서화 포털

JSON 스키마를 올바르게 생성하기 위해 사용자가 입력해야 할 데이터의 샘플을 설정할 수 있다. 샘플 데이터는 모델 클래스 안에 `Config` 클래스로 정의하면 된다. 다음과 같이 `Todo` 모델 클래스에 샘플 데이터를 추가해보자.

```
class Todo(BaseModel):
    id: int
    item: str

    class Config:
        schema_extra = {
            "example": {
                "id": 1,
                "item": "Example Schema!"
            }
        }
```

ReDoc 문서화 페이지를 새로 고침한 다음 왼쪽에 있는 [Add Todo]를 클릭하자. 그러면 [그림 2-4]와 같이 오른쪽 패널에 추가한 샘플이 표시된다.

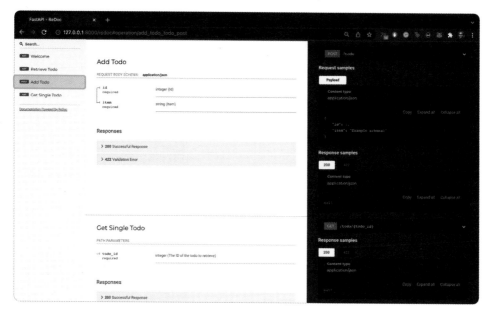

그림 2-4 ReDoc의 샘플 스키마

스웨거 문서에서도 [그림 2-5]와 같이 추가한 샘플 스키마를 확인할 수 있다.

그림 2-5 스웨거의 샘플 스키마

사용자는 이 문서를 기반으로 API에 요청을 보내거나 애플리케이션을 테스트할 수 있다. 이렇게 업데이트된 문서는 그냥 문서로 끝나는 것이 아니라 API 사용법을 알려주는 안내서 역할을 한다.

지금까지 APIRouter 클래스와 사용법, 요청 바디, 경로 및 쿼리 매개변수를 살펴보고 pydantic 모델을 사용한 요청 바디 검증 방법을 배웠다. 이제부터는 todo 애플리케이션을 수정해서 아이템을 변경 및 삭제할 수 있는 라우트를 추가해보자.

2.6 간단한 CRUD 애플리케이션 개발

앞서 todo 아이템을 추가하고 추출할 수 있는 라우트를 만들었다. 이번에는 기존 아이템을 변경하거나 삭제하는 라우트를 추가해볼 것이다. 다음 단계를 따라 실습해보자.

1 UPDATE 라우트의 요청 바디용 모델을 model.py에 추가한다.

```python
class TodoItem(BaseModel):
    item: str

    class Config:
        schema_extra = {
            "example": {
            "item": "Read the next chapter of the book."
        }
    }
```

2 todo를 변경하기 위한 라우트를 todo.py에 추가한다.

```python
from fastapi import APIRouter, Path
from model import Todo, TodoItem

todo_router = APIRouter()

todo_list = []
```

```python
@todo_router.post("/todo")
async def add_todo(todo: Todo) -> dict:
    todo_list.append(todo)
    return {
        "message": "Todo added successfully."
    }


@todo_router.get("/todo")
async def retrieve_todos() -> dict:
  return {
      "todos": todo_list
  }


@todo_router.get("/todo/{todo_id}")
async def get_single_todo(todo_id: int) -> dict:
    for todo in todo_list:
        if todo.id == todo_id:
            return {
                "todo": todo
            }
    return {
        "message": "Todo with supplied ID doesn't exist."
    }

@todo_router.put("/todo/{todo_id}")
async def update_todo(todo_data: TodoItem, todo_id: int = Path(..., title="The ID
of the todo to be updated.")) -> dict:
    for todo in todo_list:
        if todo.id == todo_id:
            todo.item = todo_data.item
            return {
                "message": "Todo updated successfully."
            }
    return {
        "message": "Todo with supplied ID doesn't exist."
    }
```

3 새로 추가한 라우트를 테스트해보자. 먼저 신규 todo 아이템을 추가한다.

```
(venv)$ curl -X 'POST' \
  'http://127.0.0.1:8000/todo' \
  -H 'accept: application/json' \
```

```
  -H 'Content-Type: application/json' \
  -d '{
  "id": 1,
  "item": "Example Schema!"
 }'
```

윈도우에서는 다음 명령을 사용한다.

```
curl -X POST http://127.0.0.1:8000/todo
  -H "accept: application/json"
  -H "Content-Type: application/json"
  -d "{\"id\":1, \"item\":\"Example schema!\"}"
```

실행 결과는 다음과 같다.

```
{
  "message": "Todo added successfully."
}
```

4 PUT 요청을 보내서 추가한 아이템을 변경해보자.

```
(venv)$ curl -X 'PUT' \
  'http://127.0.0.1:8000/todo/1' \
  -H 'accept: application/json' \
  -H 'Content-Type: application/json' \
  -d '{
  "item": "Read the next chapter of the book."
 }'
```

윈도우에서는 다음 명령을 사용한다.

```
curl -X PUT http://127.0.0.1:8000/todo/1
  -H "accept: application/json"
  -H "Content-Type: application/json"
  -d "{\"item\":\"Read the next chapter of the book.\"}"
```

실행 결과는 다음과 같다.

```
{
    "message": "Todo updated successfully."
}
```

5 실제로 아이템이 변경됐는지 확인해보자.

```
(venv)$ curl -X 'GET' \
    'http://127.0.0.1:8000/todo/1' \
    -H 'accept: application/json'
```

윈도우에서는 다음 명령을 사용한다.

```
curl -X GET http://127.0.0.1:8000/todo/1 -H 'accept: application/json'
```

실행 결과는 다음과 같다.

```
{
    "todo": {
        "id": 1,
        "item": "Read the next chapter of the book"
    }
}
```

todo 아이템이 성공적으로 변경된 것을 확인할 수 있다.

6 todo.py에 삭제를 위한 DELETE 라우트를 추가해보자.

```
@todo_router.delete("/todo/{todo_id}")
async def delete_single_todo(todo_id: int) -> dict:
    for index in range(len(todo_list)):
        todo = todo_list[index]
        if todo.id == todo_id:
            todo_list.pop(index)
```

```
            return {
                "message": "Todo deleted successfully."
            }
    return {
        "message": "Todo with supplied ID doesn't exist."
    }

@todo_router.delete("/todo")
async def delete_all_todo() -> dict:
    todo_list.clear()
    return {
        "message": "Todos deleted successfully."
    }
```

7 추가한 DELETE 라우트를 테스트해보자. 먼저 신규 todo 아이템을 추가한다.

```
(venv)$ curl -X 'POST' \
  'http://127.0.0.1:8000/todo' \
  -H 'accept: application/json' \
  -H 'Content-Type: application/json' \
  -d '{
  "id": 1,
  "item": "Example Schema!"
}'
```

윈도우에서는 다음 명령을 사용한다.

```
curl -X POST http://127.0.0.1:8000/todo
  -H "accept: application/json"
  -H "Content-Type: application/json"
  -d "{\"id\":1, \"item\":\"Example schema!\"}"
```

실행 결과는 다음과 같다.

```
{
    "message": "Todo added successfully."
}
```

8 이제 추가한 todo 아이템을 삭제해보자.

```
(venv)$ curl -X 'DELETE' \
  'http://127.0.0.1:8000/todo/1' \
  -H 'accept: application/json'
```

윈도우에서는 다음 명령을 사용한다.

```
curl -X DELETE http://127.0.0.1:8000/todo/1 -H 'accept: application/json'
```

실행 결과는 다음과 같다.

```
{
  "message": "Todo deleted successfully."
}
```

9 GET 요청을 사용해서 삭제한 아이템이 추출되는지 확인해보자.

```
(venv)$ curl -X 'GET' \
  'http://127.0.0.1:8000/todo/1' \
  -H 'accept: application/json'
```

윈도우에서는 다음 명령을 사용한다.

```
curl -X GET http://127.0.0.1:8000/todo/1 -H 'accept: application/json'
```

명령을 실행하면 지정한 ID의 todo가 존재하지 않는다는 응답을 확인할 수 있다.

```
{
  "message": "Todo with supplied ID doesn't exist."
}
```

지금까지 배운 내용을 활용해서 CRUD 애플리케이션을 만들었다. 모델을 통해 요청 바디를 검증하여 적절한 데이터를 API에 전송했으며 경로 매개변수를 라우트에 추가해 todo_list에서 단일 아이템을 추출하거나 삭제할 수 있게 했다.

CHAPTER 2에서는 `APIRouter` 클래스를 소개하고 이를 사용해 라우트를 FastAPI의 메인 인스턴스와 연결하는 방법을 살펴봤다. 또한 요청 바디용 모델을 생성하는 방법과 경로 및 쿼리 매개변수를 추가하는 방법을 배웠다. 모델은 잘못된 데이터 유형이 요청 바디에 전달되는 것을 방지해준다. 마지막으로 배운 내용을 모두 활용해 CRUD 처리가 가능한 애플리케이션을 만들었다.

CHAPTER 3에서는 FastAPI의 응답과 응답 모델, 오류 처리 방법을 다룬다. 먼저 응답에 관해 소개하고 pydantic 모델을 사용해 API 응답용 모델을 작성해본다. 또한 상태 코드^{status code}가 무엇인지 알아보고 이를 응답 객체와 오류 처리에 사용하는 방법을 배운다.

CHAPTER 3

응답 모델과 오류 처리

응답 모델은 API 라우트 경로가 반환하는 데이터의 템플릿 역할을 하며, 서버에 전달된 요청을 기준으로 적절한 응답을 렌더링^{rendering}하기 위해 pydantic을 사용한다.

오류 처리는 애플리케이션에서 발생하는 오류를 처리하는 로직과 방법을 의미한다. 오류 처리에는 적절한 오류 상태 코드와 오류 메시지가 포함된다.

CHAPTER 3에서 다루는 내용은 다음과 같다.

- FastAPI의 응답
- 응답 모델 작성
- 오류 처리

학습을 마치면 응답이 무엇인지, 어떻게 구성되는지 이해할 수 있다. 또한 FastAPI에서 오류를 처리하는 방법과 pydantic을 사용한 응답 모델 작성 방법도 알 수 있다.

3.1 FastAPI의 응답

응답은 API 처리 과정의 한 부분으로, HTTP 메서드를 통해 API와 상호 작용하며 API로부터 받은 결과를 가리킨다. API 응답은 보통 JSON 또는 XML 형식이지만 문서 형식으로 전달되기도 하며 헤더^{header}와 바디로 구성된다.

응답 헤더

응답 헤더는 요청 상태 및 응답 바디 전달을 안내하는 정보로 구성된다. 응답 헤더의 예로는 Content-Type이 있으며 반환하는 콘텐츠 유형이 무엇인지 클라이언트에게 알려주는 역할을 한다.

응답 바디

응답 바디는 서버가 클라이언트에게 반환하는 데이터다. 응답 바디의 형식은 Content-Type 헤더에 의해 결정되며 대표적인 예로 application/json이 있다. 〈CHAPTER 2 라우팅〉에서 서버가 반환한 todo_list가 응답 바디에 해당한다.

응답이 무엇인지, 어떤 정보로 구성되는지 알아보았으니 응답에 포함되는 HTTP 상태 코드를 살펴보자.

상태 코드

상태 코드는 서버가 반환한 응답에 포함되는 짧은 고유 코드로, 클라이언트가 보낸 요청의 상태를 나타낸다. 상태 코드는 크게 다섯 개의 그룹으로 분류할 수 있으며 각 그룹은 다음과 같은 상태를 의미한다.

- **1XX**: 요청을 받았다.
- **2XX**: 요청을 성공적으로 처리했다.
- **3XX**: 요청을 리다이렉트했다.
- **4XX**: 클라이언트 측에 오류가 있다.
- **5XX**: 서버 측에 오류가 있다.

전체 HTTP 상태 코드는 웹 사이트[23]에서 확인할 수 있다.

상태 코드의 첫 번째 숫자는 상태 그룹을 의미한다. 대표적인 상태 코드로는 성공을 의미하는 200, 요청한 페이지를 찾을 수 없음을 의미하는 404, 서버 내부 오류를 의미하는 500 등이 있다. 프레임워크에 상관없이 웹 애플리케이션을 구축할 때 개별 이벤트(요청)마다 적절한 상태 코드를 반환하는 것이 일반적이다. 서버 오류인 경우 4XX 코드(4로 시작하는 모든 코드)를 반

---

23 *https://ko.wikipedia.org/wiki/HTTP*

환해서는 안 되며, 요청이 실패한 경우 2XX 코드(2로 시작하는 모든 코드)를 반환해서는 안 된다.

상태 코드에 관해 간단히 살펴봤다. 다음 절에서는 응답 모델 작성 방법을 알아보자.

3.2 응답 모델 작성

앞서 응답 모델의 목적을 설명하고 〈CHAPTER 2 라우팅〉에서 pydantic을 사용한 요청 모델 작성 방법을 다뤘다. 응답 모델도 pydantic을 사용해 작성하지만 목적은 전혀 나르다.

우리가 작성한 라우트 경로의 정의는 다음과 같다.

```
@app.get("/todo")
async def retrieve_todo() -> dict:
    return {
        "todos": todo_list
    }
```

이 라우트는 다음과 같이 현재 데이터베이스에 있는 모든 todo 아이템의 목록을 반환한다.

```
{
    "todos": [
        {
            "id": 1,
            "item": "Example schema 1!"
        },
        {
            "id": 2,
            "item": "Example schema 2!"
        },
        {
            "id": 3,
            "item": "Example schema 5!"
        }
    ]
}
```

이 라우트는 todo 배열에 저장된 모든 값을 반환한다. 특정한 값만 반환하게 하려면 별도의 데이터로 저장하거나 추가 로직을 작성해야 한다. 다행히도 원하는 필드만 반환하도록 모델을 만들 수 있다. 이 모델을 response_model 인수로 라우트 정의에 추가하면 된다.

모든 todo를 추출해서 배열로 반환하는 라우트를 ID 없이 todo 아이템만 반환하도록 변경해보자. 먼저 model.py에 다음과 같이 새로운 모델을 추가한다.

```python
from typing import List

class TodoItem(BaseModel):
    item: str

    class Config:
        schema_extra = {
            "example": {
                "item": "Read the next chapter of the book"
            }
        }

class TodoItems(BaseModel):
    todos: List[TodoItem]

    class Config:
        schema_extra = {
            "example": {
                "todos": [
                    {
                        "item": "Example schema 1!"
                    },
                    {
                        "item": "Example schema 2!"
                    }
                ]
            }
        }
```

이 코드는 TodoItems라는 새로운 모델을 정의해서 TodoItem 모델에 정의된 변수 목록을 반환한다.

todo.py에 있는 라우트에 다음과 같이 응답 모델을 추가해보자.

```
from model import Todo, TodoItem, TodoItems
...
@todo_router.get("/todo", response_model=TodoItems)
async def retrieve_todo() -> dict:
    return {
        "todos": todo_list
    }
```

이제 가상 환경을 활성화하고 애플리케이션을 실행해보자.

```
$ source venv/bin/activate
(venv)$ uvicorn api:app --host=127.0.0.1  -port 8000 --reload
```

애플리케이션이 실행되었으면 새로운 todo를 추가한다.

```
(venv)$ curl -X 'POST' \
  'http://127.0.0.1:8000/todo' \
  -H 'accept: application/json' \
  -H 'Content-Type: application/json' \
  -d '{
  "id": 1,
  "item": "This todo will be retrieved without exposing my ID!"
}'
```

윈도우에서는 다음 명령을 사용해 새로운 todo를 추가한다.

```
curl -X POST http://127.0.0.1:8000/todo
  -H "accept: application/json"
  -H "Content-Type: application/json"
  -d "{\"id\":1, \"item\":\" This todo will be retrieved without exposing my
ID!\"}"
```

이제 todo를 추출해보자.

```
(venv)$ curl -X 'GET' \
  'http://127.0.0.1:8000/todo' \
  -H 'accept: application/json'
```

윈도우에서는 다음 명령을 사용한다.

```
curl -X GET http://127.0.0.1:8000/todo -H "accept: application/json"
```

명령을 실행하면 다음과 같이 변경된 응답이 반환된다.

```
{
    "todos": [
        {
            "item": " This todo will be retrieved without exposing my ID!"
        }
    ]
}
```

지금까지 응답 모델이 무엇인지, 어떻게 사용하는지 살펴봤다. 이후에도 이 방식은 계속 사용할 것이므로 꼭 기억해두자. 다음으로 오류 처리에 관해 알아보자.

3.3 오류 처리

앞서 상태 코드를 소개하고 이를 사용해 요청 상태를 클라이언트에 알리는 방법을 살펴봤다. 요청이 알 수 없는 오류 메시지를 그대로 노출하면 클라이언트 입장에서는 오류의 원인을 파악하기 어려울 수 있다.

존재하지 않는 리소스나 권한이 없는 페이지에 접근하는 경우 요청 시 오류가 발생하며 서버 자체에서 오류가 발생하기도 한다. FastAPI에서 오류는 FastAPI의 HTTPException 클래스를 사용해 예외exception를 발생시켜 처리한다.

HTTP 예외
HTTP 예외는 요청 흐름상에 발생하는 오류나 문제를 가리키는 이벤트다.

HTTPException 클래스는 다음 세 개의 인수를 받는다.

- **status_code:** 예외 처리 시 반환할 상태 코드
- **detail:** 클라이언트에게 전달한 메시지
- **headers:** 헤더를 요구하는 응답을 위한 선택적 인수

현재 todo 라우트 경로 정의에서는 todo가 존재하지 않으면 메시지를 반환한다. HTTPException을 사용해서 예외를 발생시키도록 수정해보자. HTTPException을 사용하면 적절한 오류 코드를 응답에 포함시킬 수 있다.

지금은 존재하지 않는 todo를 추출하면 404가 아닌 200 응답이 반환된다. [그림 3-1]과 같이 *http://127.0.0.1:8000/docs* 문서에서 이를 확인할 수 있다.

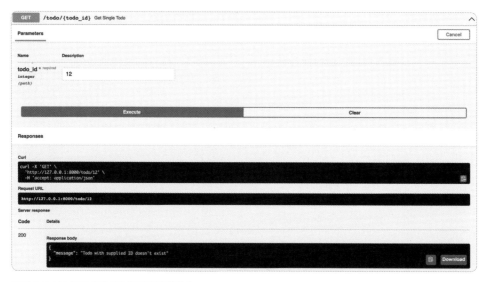

그림 3-1 404 응답 대신 200 응답이 반환된다.

HTTPException 클래스를 사용해 라우트를 변경하면 적절한 응답 코드와 함께 상태 메시지도 반환할 수 있다. todo.py에서 추출, 변경, 삭제 라우트를 다음과 같이 변경하자.

```python
from fastapi import APIRouter, Path, HTTPException, status
...
@todo_router.get("/todo/{todo_id}")
async def get_single_todo(todo_id: int) -> dict:
    for todo in todo_list:
        if todo.id == todo_id:
            return {
                "todo": todo
            }
    raise HTTPException(
        status_code=status.HTTP_404_NOT_FOUND,
        detail="Todo with supplied ID doesn't exist",
    )


@todo_router.put("/todo/{todo_id}")
async def update_todo(todo_data: TodoItem, todo_id: int = Path(..., title="The ID
of the todo to be updated.")) -> dict:
    for todo in todo_list:
        if todo.id == todo_id:
            todo.item = todo_data.item
            return {
                "message": "Todo updated successfully."
            }
    raise HTTPException(
        status_code=status.HTTP_404_NOT_FOUND,
        detail="Todo with supplied ID doesn't exist",
    )


@todo_router.delete("/todo/{todo_id}")
async def delete_single_todo(todo_id: int) -> dict:
    for index in range(len(todo_list)):
        todo = todo_list[index]
        if todo.id == todo_id:
            todo_list.pop(index)
            return {
                "message": "Todo deleted successfully."
            }
    raise HTTPException(
        status_code=status.HTTP_404_NOT_FOUND,
        detail="Todo with supplied ID doesn't exist",
    )
```

존재하지 않는 todo를 추출하려고 하면 [그림 3-2]와 같이 404 코드와 메시지가 반환된다.

마지막으로 데코레이터 함수에 status_code 인수를 추가해서 기본 응답 코드(200)를 다른 코드로 변경해보자.

```python
@todo_router.post("/todo", status_code=201)
async def add_todo(todo: Todo) -> dict:
    todo_list.append(todo)
    return {"message": "Todo added successfully."}
```

지금까지 클라이언트에게 정확한 응답 코드를 반환하고 기본 상태 코드를 변경하는 방법을 살펴봤다. 참고로 요청 성공을 의미하는 기본 상태 코드는 200이니 기억하도록 하자.

정리하기

CHAPTER 3에서는 응답 모델과 오류 처리가 무엇인지 배우고 HTTP 상태 코드와 그 중요성도 다뤘다. 또한 〈CHAPTER 2 라우팅〉에서 배운 모델 작성법을 활용해 응답 모델을 생성하고 todo_list가 ID 없이 아이템만 반환하도록 정의했다. 마지막으로 오류 처리에 관해 설명하고 기존 라우트를 변경해서 기본 응답 코드인 200 대신 적절한 응답 코드를 반환하게 했다.

CHAPTER 4에서는 Jinja를 사용한 FastAPI 애플리케이션 템플릿 생성 방법을 배운다. Jinja 템플릿의 실행 및 설정 방법을 익힌 다음 템플릿 지식을 활용해 UI를 만드는 방법을 알아보자.

템플릿팅

템플릿팅^{templating}이란 API가 보낸 다양한 형식의 데이터를 화면에 표시하는 프로세스다. 템플릿[24]은 웹 애플리케이션상의 프런트엔드 컴포넌트처럼 처리된다.

Jinja는 파이썬으로 작성된 템플릿팅 언어로, API 응답을 쉽게 렌더링할 수 있게 해준다. CHAPTER 4에서는 Jinja의 템플릿을 사용해 API가 보낸 응답을 웹 페이지에 렌더링하는 방법을 학습한다.

CHAPTER 4에서 다루는 내용은 다음과 같다.

- Jinja
- FastAPI에서 Jinja를 사용하는 방법

학습을 마치면 템플릿이 무엇인지 이해할 수 있다. 또한 템플릿을 사용해서 API가 보낸 데이터를 렌더링하는 방법을 알 수 있다.

---

24 옮긴이_ 템플릿팅에 사용되는 일종의 틀이다.

4.1 Jinja

Jinja는 파이썬으로 작성된 템플릿팅 엔진으로, API 응답을 쉽게 렌더링할 수 있도록 한다. 모든 템플릿팅 언어에는 변수variable가 사용되며 템플릿이 렌더링될 때 이 변수가 실제 값으로 변환된다. 이 외에도 태그를 사용해 템플릿 로직을 제어한다.

Jinja는 중괄호 {}를 사용해서 템플릿 파일의 일반적인 HTML, 텍스트 등을 표현식 및 구문과 구분한다. {{}} 구문을 변수 블록variable block이라고 하며 이 안에 변수를 지정한다. {% %}는 if/else, 반복loop, 매크로 같은 구조를 제어할 때 사용된다.

Jinja 언어에서 자주 사용되는 구문은 다음과 같다.

- **{% ... %}**: 구조(처리)를 제어하기 위한 명령을 지정할 때 사용된다.
- **{{todo.item}}**: 식의 값을 전달할 때 사용된다.
- **{# 이 책은 훌륭한 API 책이다! #}**: 주석을 기입할 때 사용되며 웹 페이지상에는 표시되지 않는다.

Jinja는 문자열로 변환 가능한 모든 파이썬 유형 또는 객체를 템플릿 변수로 사용할 수 있다. 모델, 리스트, 딕셔너리 유형을 템플릿에 전달해서 값이나 속성을 사용할 수 있는데, 이때 {{}} 구문이 사용된다.

이어서 필터에 관해 알아본다. 필터는 모든 템플릿팅 엔진에서 가장 중요한 요소이며 특정 함수를 실행할 수 있게 해준다. 예를 들어 리스트의 값들을 병합join하는 함수나 객체의 길이를 추출하는 함수 등을 사용할 수 있다.

이 외에도 Jinja의 기본 기능인 if문, 반복문, 매크로, 템플릿 상속을 살펴본다.

필터

파이썬과 Jinja는 유사한 구문을 사용하지만 문자열 병합이나 첫 문자를 대문자로 변환하기 등 파이썬의 문자열 수정 구문은 Jinja에서 사용할 수 없다. 따라서 이런 수정 작업은 Jinja의 필터 기능을 사용해야 한다.

필터는 다음과 같이 파이프 기호(|)를 사용해서 변수와 구분하며 괄호를 사용해 선택적 인수를 지정한다.

```
{{ variable | filter_name(*args) }}
```

인수가 없다면 다음과 같이 정의해도 된다.

```
{{ variable | filter_name }}
```

자주 사용되는 필터를 살펴보자.

기본 필터

전달된 값이 None일 때(값이 없을 때) 사용할 값을 지정한다.

```
{{ todo.item | default('이것은 기본 todo 아이템입니다.') }}
```

이스케이프 필터

HTML을 변환하지 않고 그대로 렌더링한다.

```
{{ "<title>Todo Application</title>" | escape }}
<title>Todo Application</title>
```

변환 필터

데이터 유형을 변환한다.

```
{{ 3.142 | int }}
3

{{ 31 | float }}
31.0
```

병합 필터

리스트 내의 요소들을 병합해서 하나의 문자열로 만든다.

```
{{ ['한빛미디어는', '훌륭한', '책을', '만든다.'] | join(' ') }}
한빛미디어는 훌륭한 책을 만든다.
```

길이 필터

전달된 객체의 길이를 반환한다. 파이썬의 len()과 같은 역할을 한다.

```
Todo count: {{ todos | length }}
Todo count: 4
```

Jinja가 제공하는 전체 필터를 보고 싶다면 웹 페이지[25]를 참고하사.

if문

Jinja의 if문은 파이썬과 사용법이 유사하며 {% %} 제어 블록 내에서 사용할 수 있다.

```
{% if todo | length < 5 %}
    할 일 목록에 할 일이 많지 않네요.
{% else %}
    바쁜 날을 보내고 있군요!
{% endif %}
```

반복문

Jinja에서는 변수를 사용해서 반복 처리를 할 수 있다. 다음과 같이 리스트 또는 일반적인 함수를 사용할 수도 있다.

```
{% for todo in todos %}
    <b> {{ todo.item }} </b>
{% endfor %}
```

----

25 https://jinja.palletsprojects.com/en/3.0.x/templates/#builtin-filters

반복문 내에서 특수한 변수를 사용할 수도 있다. 예를 들어 `loop.index`는 현재 인덱스를 반환하는 특수 변수다. [표 4-1]에 특수 변수를 정리했다.

표 4-1 반복문에서 사용되는 특수 변수

변수	설명
loop.index	반복의 현재 인덱스(회차)를 보여준다(시작 인덱스는 1).
loop.index0	반복의 현재 인덱스를 보여준다(시작 인덱스는 0).
loop.revindex	뒤에서부터의 반복 인덱스를 보여준다(시작 인덱스는 1).
loop.revindex0	뒤에서부터의 반복 인덱스를 보여준다(시작 인덱스는 0).
loop.first	첫 번째 반복이면 True를 반환한다.
loop.last	마지막 반복이면 True를 반환한다.
loop.length	리스트 등의 아이템 수를 반환한다.
loop.cycle	리스트 내의 값을 차례대로 사용한다.
loop.depth	재귀적 반복에서의 현재 렌더링 단계를 보여준다(1단계부터 시작).
loop.depth0	재귀적 반복에서의 현재 렌더링 단계를 보여준다(0단계부터 시작).
loop.previtem	이전 반복에 사용한 아이템을 반환한다(첫 반복에서는 정의되지 않음).
loop.nextitem	다음 반복에 사용할 아이템을 반환한다(마지막 반복에서는 정의되지 않음).
loop.changed(*val)	이전에 호출한 값과 다르면 True를 반환한다(전혀 호출되지 않은 경우도 포함).

매크로

Jinja의 매크로는 하나의 함수로, HTML 문자열을 반환한다. 매크로 사용의 주요 목적은 하나의 함수를 사용해 반복적으로 작성하는 코드를 줄이는 것이다. 예를 들어 입력(input) 매크로를 정의해서 HTML 폼에 반복적으로 정의하는 입력 태그를 줄일 수 있다.

```
{% macro input(name, value='', type='text', size=20 %}
    <div class="form">
        <input type="{{ type }}" name="{{ name }}"
        value="{{ value|escape }}" size="{{ size }}">
    </div>
{% endmacro %}
```

이 매크로를 호출해서 폼에 사용할 입력 요소를 간단하게 만들 수 있다.

```
{{ input('item') }}
```

이것은 다음과 같은 HTML을 반환한다

```
<div class="form">
    <input type="text" name="item" value="" size="20">
</div>
```

다음으로 템플릿 상속이 무엇인지, FastAPI에서 어떻게 사용되는지 살펴보자.

템플릿 상속

Jinja의 가장 강력한 기능은 템플릿 상속이다. 이 기능은 중복 배제^{Don't Repeat Yourself}(DRY) 원칙에 근거한 것이며 큰 규모의 웹 애플리케이션을 개발할 때 많은 도움이 된다. 템플릿 상속^{template inheritance}은 기본 템플릿을 정의한 다음 이 템플릿을 자식 템플릿이 상속하거나 교체해서 사용할 수 있게 한다.

Jinja의 템플릿 상속을 자세히 알고 싶다면 웹 페이지[26]를 참고하자.

지금까지 Jinja의 구문을 살펴봤다. 이제 FastAPI에서 Jinja 템플릿을 어떻게 사용하는지 알아보자.

4.2 FastAPI에서 Jinja를 사용하는 방법

Jinja를 사용하려면 Jinja2 패키지를 설치하고 기존 작업 디렉터리에 template이라는 신규 폴더를 만들어야 한다. 이 폴더에 모든 Jinja 관련 파일(Jinja 구문이 섞여 있는 HTML 파일)이 저장된다. 이 책에서는 사용자 인터페이스^{user interface}(UI) 디자인을 다루지 않으므로 스타일을 직접 작성하지 않고 CSS 부트스트랩 라이브러리를 활용한다.

---

26 https://jinja.palletsprojects.com/en/3.0.x/templates/#template-inheritance

부트스트랩 라이브러리는 페이지 로딩 시 CDN(온라인상의 라이브러리)에서 다운로드하지만 추가 파일은 별도의 폴더에 저장할 수 있다. 이런 정적 파일의 사용에 관해서는 〈CHAPTER 5 구조화〉에서 자세히 다룬다.

먼저 [그림 4-1]과 같이 새로운 todo를 생성하는 홈 페이지 템플릿을 만들어보자.

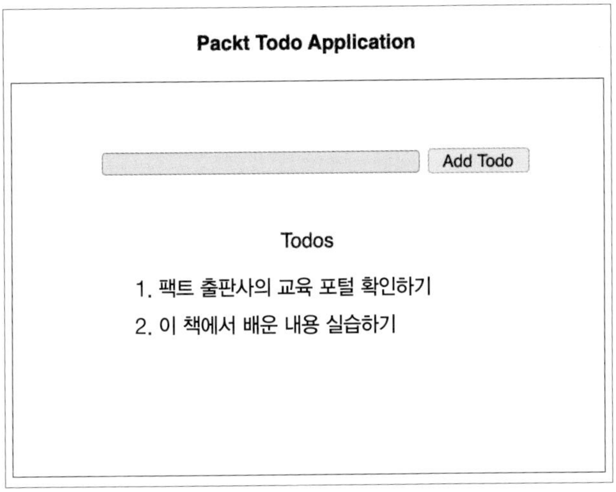

그림 4-1 홈 페이지 템플릿 예시

1 먼저 Jinja2와 관련된 패키지를 설치하고 templates 폴더를 만든다.

```
(venv)$ pip install jinja2 python-multipart
(venv)$ mkdir templates
```

2 templates 폴더에 home.html, todo.html이라는 두 개의 파일을 만든다.

```
(venv)$ cd templates
(venv)$ touch {home,todo}.html
```

윈도우에서는 다음 명령으로 파일을 생성한다.

```
C:\code\fastapi\todos>rem. > home.html
C:\code\fastapi\todos>rem. > todo.html
```

여기서는 다음과 같이 두 개의 템플릿 파일을 만들었다.

- 애플리케이션 홈 페이지용 home.html
- todo 페이지용 todo.html

[그림 4-1]에서 가장 바깥쪽 사각형이 home 템플릿(홈 페이지)이고 안쪽의 작은 사각형이 todo 템플릿(todo 페이지)이다.

템플릿을 만들기 전에 FastAPI 애플리케이션이 Jinja를 사용하도록 설정해보자.

1 todo API 컴포넌트(todo.py)의 POST 라우트를 다음과 같이 수정한다.

```python
from fastapi import APIRouter, Path, HTTPException, status, Request, Depends
from fastapi.templating import Jinja2Templates
from model import Todo, TodoItem, TodoItems


todo_router = APIRouter()


todo_list = []


templates = Jinja2Templates(directory="templates/")


@todo_router.post("/todo")
async def add_todo(request: Request, todo: Todo = Depends(Todo.as_form)):
    todo.id = len(todo_list) + 1
    todo_list.append(todo)
    return templates.TemplateResponse("todo.html",
    {
        "request": request,
        "todos": todo_list
    })
```

2 GET 라우트를 다음과 같이 수정한다.

```python
@todo_router.get("/todo", response_model=TodoItems)
async def retrieve_todo(request: Request):
    return templates.TemplateResponse("todo.html", {
        "request": request,
        "todos": todo_list
```

```
    })

@todo_router.get("/todo/{todo_id}")
async def get_single_todo(request: Request, todo_id: int = Path(..., title="The ID
of the todo to retrieve.")):
    for todo in todo_list:
        if todo.id == todo_id:
            return templates.TemplateResponse(
                "todo.html", {
                "request": request,
                "todo": todo
            })
    raise HTTPException(
        status_code=status.HTTP_404_NOT_FOUND,
        detail="Todo with supplied ID doesn't exist",
    )
```

이 코드는 Jinja가 template 폴더를 참조해서 그 안에 있는 특정 템플릿을 사용하도록 지정한다. 템플릿은 templates.TemplateResponse() 메서드를 통해 전달된다.

todo를 추가하는 POST 메서드는 의존성을 사용해서 입력값을 전달한다. 의존성에 관해서는 〈CHAPTER 6 데이터베이스 연결〉에서 자세히 다룬다.

3 다음 코드에서 강조된 부분을 model.py의 Config 서브 클래스 앞에 추가한다.

```
from typing import List, Optional
from fastapi import Form

class Todo(BaseModel):
    id: Optional[int]
    item: str

    @classmethod
    def as_form(
        cls,
        item: str = Form(...)
    ):
        return cls(item=item)
```

API 코드를 업데이트해서 Jinja 템플릿을 사용할 수 있게 됐다. 이제 템플릿을 작성해보자.

home.html 템플릿부터 시작한다.

4 home.html 파일에 문서 유형을 선언한다.

```
<!DOCTYPE html>
<html lang="en">
    <head>
        <meta charset="UTF-8">
        <meta http-equiv="X-UA-Compatible" content="IE=edge">
        <meta name="viewport" content="width=devicewidth, initial-scale=1.0">
        <title>Packt Todo Application</title>
        <link rel="stylesheet" href="https://stackpath.bootstrapcdn.com/
bootstrap/4.1.0/css/bootstrap.min.css" integrity="sha384-9gVQ4dYFwwWSjIDZnLEWnxCje
SWFphJiwGPXr1jddIhOegiu1FwO5qRGvFXOdJZ4" crossorigin="anonymous">
        <link rel="stylesheet" href="https://use.fontawesome.com/releases/
v5.0.10/css/all.css" integrity="sha384-+d0P83n9kaQMCwj8F4RJB66tzIwOKmrdb46+porD/
OvrJ+37WqIM7UoBtwHO6Nlg" crossorigin="anonymous">
    </head>
```

5 템플릿 바디를 작성할 차례다. `<header></header>` 태그 안에 'Packt Todo Application' 을 추가하고 `</header>` 아래에는 자식 템플릿의 block 태그를 사용해 todo_container를 추가 한다. 자식 템플릿은 7단계에서 작성한다.

다음 코드를 home.html 파일의 `</header>` 태그 바로 아래에 추가하자.

```
<body>
<header>
    <nav class="navar">
        <div class="container-fluid">
            <center>
                <h1>Packt Todo Application</h1>
            </center>
        </div>
    </nav>
</header>
<div class="container-fluid">
    {% block todo_container %}{% endblock %}
</div>
</body>
</html>
```

굵게 강조된 코드는 자식 템플릿에서 정의된 todo_container를 사용한다는 의미다. todo_container 블록을 가지고 있는 자식 템플릿의 콘텐츠가 여기에 표시되는 것이다.

6 지금까지 변경한 내용이 제대로 반영됐는지 확인해보자. 가상 환경을 활성화한 후 애플리케이션을 실행한다.

```
$ source venv/bin/activate
(venv)$ uvicorn api:app --host=127.0.0.1 --port 8000 --reload
```

7 todo.html을 열어서 다음과 같이 템플릿을 작성한다.

```
{% extends "home.html" %}

{% block todo_container %}
<main class="container">
    <hr>
    <section class="container-fluid">
        <form method="post">
            <div class="col-auto">
                <div class="input-group mb-3">
                    <input aria-describedby="button-addon2" aria-label="Add a
todo" class="form-control" name="item"
                            placeholder="Purchase Packt's Python workshop course"
                            type="text" value="{{ item }}"/>
                    <button class="btn btn-outline-primary" data-mdb-ripple-
color="dark" id="button-addon2"
                            type="submit">
                        Add Todo
                    </button>
                </div>
            </div>
        </form>
    </section>
    {% if todo %}
    <article class="card container-fluid">
        <br/>
        <h4>Todo ID: {{ todo.id }} </h4>
        <p>
            <strong>
```

```
                Item: {{ todo.item }}
            </strong>
        </p>
    </article>
    {% else %}
    <section class="container-fluid">
        <h2 align="center">Todos</h2>
        <br>
        <div class="card">
            <ul class="list-group list-group-flush">
                {% for todo in todos %}
                <li class="list-group-item">
                    {{ loop.index }}. <a href="/todo/{{ loop.index }}"> {{ todo.
item }} </a>
                </li>
                {% endfor %}
            </ul>
        </div>
        {% endif %}
    </section>
</main>
{% endblock %}
```

이 코드에서는 todo 템플릿이 home 템플릿을 상속한다. 또한 todo_container 블록을 정의해서 부모 템플릿(home 템플릿)이 이 템플릿의 콘텐츠를 표시할 수 있게 한다.

todo 템플릿은 모든 todo를 추출하는 라우트와 단일 todo 추출하는 라우트 모두에서 사용된다. 결과적으로 라우트에 따라 다른 콘텐츠를 렌더링하게 되는 것이다.

todo 템플릿에서는 {% if todo %} 블록을 사용해서 todo 변수가 전달되는지 확인한다. todo 변수가 전달됐을 때만 todo 상세 정보가 표시되며 todo 변수가 없으면 {% else %} 블록에 있는 todo 리스트가 표시된다.

8 웹 브라우저를 새로 고침해서 변경 내용이 반영됐는지 확인해보자.

그림 4-2 업데이트된 todo 홈 페이지

9 홈 페이지가 제대로 작동하는지 확인하기 위해 todo 아이템을 하나 추가해보자.

그림 4-3 todo 리스트 표시

10 목록에 있는 todo를 클릭하면 단일 todo의 상세 페이지를 볼 수 있다.

그림 4-4 단일 todo 페이지

템플릿을 성공적으로 FastAPI 애플리케이션에 추가했다.

CHAPTER 4에서는 템플릿팅을 소개하고 Jinja 템플릿팅 시스템의 기본 사항과 이를 FastAPI에 적용하는 방법을 다뤘다. 콘텐츠를 선택적으로 렌더링하는 방법을 애플리케이션에 적용하고 템플릿 상속을 home 템플릿과 todo 템플릿에 적용했다.

CHAPTER 5에서는 FastAPI 애플리케이션을 구조화하는 방법을 소개한다. 이벤트 플래너 애플리케이션을 개발하기에 앞서 애플리케이션을 어떻게 구조화하면 좋을지 살펴보자.

PART 2

FastAPI 애플리케이션 개발하기

PART 1에서 배운 내용을 토대로 더 복잡한 애플리케이션을 개발한다. 또한 SQL 및 NoSQL(몽고DB) 데이터베이스를 연동하는 방법, FastAPI의 보안을 강화하는 방법을 배운다. 학습을 마치면 완벽한 기능을 가진 안전한 FastAPI 애플리케이션을 개발할 수 있다.

PART 2에서 다루는 주제는 다음과 같다.

▶▶▶ CHAPTER 5
구조화

▶▶▶ CHAPTER 6
데이터베이스 연결

▶▶▶ CHAPTER 7
보안

CHAPTER 5 ▶ 구조화

〈PART 1 FastAPI 시작하기〉에서 FastAPI의 기본 사항을 살펴보고 FastAPI 애플리케이션을 개발했다. 우리가 만든 todo 애플리케이션은 FastAPI의 강력함과 유연함을 잘 보여준다. 여기서 중요한 점은 FastAPI를 사용하면 아주 쉽게 애플리케이션을 만들 수 있다는 것이다. 하지만 애플리케이션 구조와 기능이 복잡해지면 애플리케이션을 적절하게 구조화해야 한다.

구조화란 애플리케이션 컴포넌트를 형식에 맞춰 정리하는 것이다. 여기서 형식을 모듈이라고 하며, 모듈화^{modular}는 애플리케이션 코드와 콘텐츠의 가독성을 높여준다. 적절히 구조화된 애플리케이션은 개발 속도와 디버깅 속도를 빠르게 하고 전체적인 생산성도 향상시킨다.

CHAPTER 5에서 다루는 내용은 다음과 같다.

- 애플리케이션 라우트와 모델 구조화
- 플래너 API용 모델 구현

학습을 마치면 애플리케이션 구조화가 무엇인지 이해하고 API를 구조화하는 방법을 익힐 수 있다.

5.1 FastAPI 애플리케이션 구조화

이제부터 이벤트 플래너를 만들어볼 것이다. 다음과 같은 구조로 이벤트 플래너 애플리케이션을 설계한다.[27]

```
planner/
  main.py
  database/
    __init__.py
    connection.py
  routes/
    __init__.py
    events.py
    users.py
  models/
    __init__.py
    events.py
    users.py
```

첫 번째 단계는 애플리케이션용 폴더를 생성하는 것이다. 폴더의 이름은 planner로 한다.

```
$ mkdir planner && cd planner
```

planner 폴더 안에 초기 파일인 main.py을 만들고 database, routes, models라는 서브 폴더를 만든다.

```
$ touch main.py
$ mkdir database routes models
```

윈도우에서는 다음 명령을 사용한다.

```
C:\code\fastapi\planner>rem. >main.py
C:\code\fastapi\planner>mkdir database routes models
```

---

27 옮긴이_이후로도 계속 '이벤트'라는 용어가 사용되는데 프로그래밍의 이벤트가 아니라 스케줄표에 작성하는 할 일이나 계획을 의미한다.

__init__.py 파일을 모든 폴더 안에 만든다.

```
$ touch {database,routes,models}/__init__.py
```

윈도우에서는 다음과 같이 한 번에 하나씩 만들어야 한다.

```
C:\code\fastapi\planner\rem. >database\__init__.py
C:\code\fastapi\planner\rem. >routes\__init__.py
C:\code\fastapi\planner\rem. >models\__init__.py
```

다음 명령으로 database 폴더에 connection.py라는 빈 파일을 만든다. 이 파일은 데이터베이스 추상화와 설정에 사용되는 파일로, 〈CHAPTER 6 데이터베이스 연결〉에서 쓰인다.

```
$ touch database/connection.py
```

routes와 models 폴더 모두에 다음과 같이 events.py와 users.py 두 개의 파일을 만든다.

```
$ touch {routes,models}/{events,users}.py
```

윈도우에서는 rem 명령을 사용하거나 윈도우 탐색기를 사용해서 routes와 models 폴더 모두에 두 파일을 생성하면 된다.

각 파일의 역할은 다음과 같다.

- routes 폴더
  - events.py: 이벤트 생성, 변경, 삭제 등의 처리를 위한 라우팅
  - users.py: 사용자 등록 및 로그인 처리를 위한 라우팅
- models 폴더
  - events.py: 이벤트 처리용 모델을 정의
  - users.py: 사용자 처리용 모델을 정의

API를 구조화해서 비슷한 파일을 기능에 따라 그룹화했다. 이제 애플리케이션을 실제로 구현해보자.

이벤트 플래너 애플리케이션 개발

이벤트 플래너 애플리케이션을 구현해보자. 등록된 사용자는 이벤트를 추가, 변경, 삭제할 수 있으며 애플리케이션이 자동으로 만든 이벤트 페이지에서 생성된 이벤트를 확인할 수 있다.

등록된 사용자와 이벤트는 모두 고유한 ID를 갖는다. 따라서 사용자와 이벤트가 중복되는 것을 방지할 수 있다. 여기서는 인증 및 데이터베이스 관리를 다루지 않고 〈CHAPTER 6 데이터베이스 연결〉과 〈CHAPTER 7 보안〉에서 자세히 살펴본다.

개발을 시작하기 위해 먼저 프로젝트 폴더(planner)에서 가상 환경을 활성화하자.[28]

```
$ python3 -m venv venv
$ source venv/bin/activate
```

윈도우에서는 다음 명령을 실행하면 된다.

```
c:\code\fastapi\planner>venv\Scripts\activate
```

그런 다음 애플리케이션의 의존 라이브러리를 설치한다.[29]

```
(venv)$ pip install fastapi uvicorn "pydantic[email]"
```

마지막으로 필요한 라이브러리를 requirements.txt 파일에 저장한다.

```
(venv)$ pip freeze > requirements.txt
```

필요한 라이브러리가 포함된 개발 환경이 모두 준비됐다. 이어서 애플리케이션 모델을 구현해보자.

---

28 옮긴이_CHAPTER 1에서 언급했듯이 파이썬 3만 설치되어 있다면 python3 대신 python -m venv venv 명령을 사용해야 할 수도 있다.

29 옮긴이_pydantic[email]은 pydantic과 함께 email-validator라는 의존 라이브러리를 함께 설치하라는 의미다.

모델 구현

모델을 구현하는 과정을 단계별로 살펴보자.

1 애플리케이션의 첫 단계는 이벤트 모델과 사용자 모델을 정의하는 것이다. 이 모델들은 데이터가 어떤 방식으로 입력 및 저장되고 애플리케이션에 표현되는지를 정의한다. [그림 5-1]은 사용자 모델과 이벤트 모델 그리고 이 둘의 관계를 나타낸 다이어그램이다.

그림 5-1 사용자 모델과 이벤트 모델의 관계

각 사용자는 Events 필드를 가지며 여러 개의 이벤트를 저장할 수 있다.

2 이벤트 모델(Event)을 models 폴더의 events.py에 정의한다.

```python
from pydantic import BaseModel
from typing import List

class Event(BaseModel):
    id: int
    title: str
    image: str
    description: str
    tags: List[str]
    location: str
```

이벤트 모델은 다음과 같이 6개의 필드를 갖는다.

- **id**: 자동 생성되는 고유 식별자
- **title**: 이벤트 타이틀
- **image**: 이벤트 이미지 배너의 링크
- **description**: 이벤트 설명
- **tags**: 그룹화를 위한 이벤트 태그
- **location**: 이벤트 위치

3 Event 클래스 안에 Config 서브 클래스를 추가한다. 이 클래스는 문서화할 때 샘플 데이터를 보여주기 위한 용도다.

```
class Config:
    schema_extra = {
        "example": {
            "title": "FastAPI Book Launch",
            "image": "https://linktomyimage.com/image.png",
            "description": "We will be discussing the contents of the FastAPI
book in this event. Ensure to come with your own copy to win gifts!",
            "tags": ["python", "fastapi", "book", "launch"],
            "location": "Google Meet"
        }
    }
```

이 코드는 이벤트의 샘플 데이터를 정의한다. 우리가 API를 통해 신규 이벤트를 생성할 때 참고할 수 있다.

4 사용자 모델(User)을 models 폴더의 users.py 파일에 정의한다.

```
from pydantic import BaseModel, EmailStr
from typing import Optional, List
from models.events import Event

class User(BaseModel):
    email: EmailStr
    password: str
    events: Optional[List[Event]]
```

사용자 모델은 다음과 같이 3개의 필드를 갖는다.

- **email**: 사용자 이메일
- **password**: 사용자 패스워드
- **events**: 해당 사용자가 생성한 이벤트. 처음에는 비어 있다.

5 데이터를 어떻게 저장하고 설정하는지 보여주는 샘플 데이터를 만든다. 이 코드는 User 클래스 안에 추가한다.

```python
class Config:
    schema_extra = {
        "cxample": {
            "email": "fastapi@packt.com",
            "password": "strong!!!",
            "events": [],
        }
    }
```

6 사용자 로그인 모델(UserSignIn)을 만든다.

```python
class UserSignIn(BaseModel):
    email: EmailStr
    password: str

    class Config:
        schema_extra = {
            "example": {
                "email": "fastapi@packt.com",
                "password": "strong!!!"
            }
        }
```

이것으로 모델을 모두 완성했다. 다음으로 라우트를 구현해보자.

라우트 구현

API의 라우트 시스템을 구현할 차례다. 먼저 사용자 라우트 시스템을 설계해보자. 사용자 라우트는 로그인, 로그아웃, 등록으로 구성된다. 인증을 완료한 사용자는 이벤트를 생성, 변경, 삭제할 수 있으며, 인증을 거치지 않은 사용자는 생성된 이벤트를 확인하는 것만 가능하다. [그림 5-2]는 사용자 라우트와 이벤트 라우트의 관계를 나타낸다.

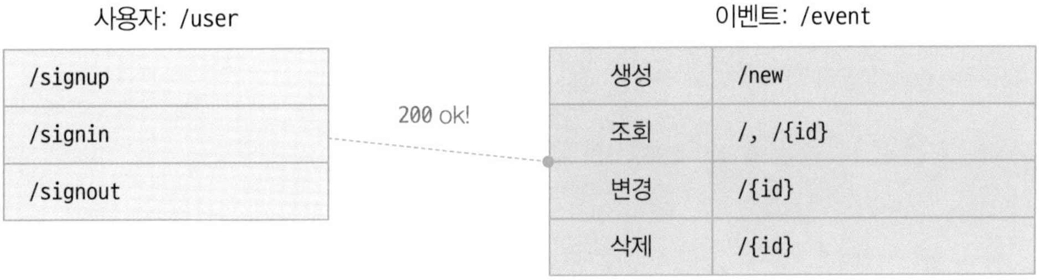

사용자: /user

| /signup |
| /signin |
| /signout |

200 ok!

이벤트: /event

생성	/new
조회	/, /{id}
변경	/{id}
삭제	/{id}

그림 5-2 사용자 라우트와 이벤트 라우트

각 라우트를 자세히 살펴보자.

사용자 라우트

[그림 5-2]를 통해 어떻게 라우트를 구현해야 할지 파악했을 것이다. 다음 단계를 따라 routes 폴더의 users.py에 사용자 라우트를 정의해보자.

1 등록(/signup) 라우트를 다음과 같이 정의한다.

```python
from fastapi import APIRouter, HTTPException, status
from models.users import User, UserSignIn

user_router = APIRouter(
    tags=["User"],
)
users = {}

@user_router.post("/signup")
async def sign_new_user(data: User) -> dict:
    if data.email in users:
```

```
        raise HTTPException(
            status_code=status.HTTP_409_CONFLICT,
            detail="User with supplied username exists"
        )
    users[data.email] = data
    return {
        "message": "User successfully registered!"
    }
```

등록 라우트에서는 애플리케이션에 내장된 데이터베이스를 사용한다(데이터베이스에 관한 내용은 〈CHAPTER 6 데이터베이스 연결〉에서 자세히 다룬다).

이 라우트는 사용자를 등록하기 전 데이터베이스에 비슷한 이메일이 존재하는지 확인한다.

2 로그인(/signin) 라우트를 다음과 같이 정의한다.

```
@user_router.post("/signin")
async def sign_user_in(user: UserSignIn) -> dict:
    if user.email not in users:
        raise HTTPException(
            status_code=status.HTTP_404_NOT_FOUND,
            detail="User does not exist"
        )
    if users[user.email].password != user.password:
        raise HTTPException(
            status_code=status.HTTP_403_FORBIDDEN,
            detail="Wrong credentials passed"
        )

    return {
        "message": "User signed in successfully."
    }
```

이 라우트는 로그인하려는 사용자가 데이터베이스에 존재하는지를 먼저 확인하고, 없으면 예외를 발생시킨다. 사용자가 존재하면 패스워드가 일치하는지 확인해서 성공 또는 실패 메시지를 반환한다.

여기서는 설명을 위해 패스워드를 암호화하지 않고 일반 텍스트로 저장했지만 소프트웨어 개발 관점에서는 잘못된 방식이다. 〈CHAPTER 6 데이터베이스 연결〉에서 애플리케이션 내장 데이터베이스를 독립된 데이터베이스로 옮기는 과정을 다룰 때 암호화를 사용한 패스워드 저장 방식을 설명한다.

3 사용자 처리용 라우트를 정의했으니 main.py에 라우트를 등록하고 애플리케이션 실행해보자. 라이브러리와 사용자 라우트 정의를 임포트한다.

```python
from fastapi import FastAPI
from routes.users import user_router

import uvicorn
```

4 FastAPI( ) 인스턴스를 만들고 앞서 정의한 라우트를 등록한다.

```python
app = FastAPI()
# 라우트 등록
app.include_router(user_router, prefix="/user")
```

5 uvicorn.run( ) 메서드를 사용해 8000번 포트에서 애플리케이션을 실행하도록 설정한다.

```python
if __name__ == "__main__":
    uvicorn.run("main:app", host="127.0.0.1", port=8000,
    reload=True)
```

준비가 다 됐으면 애플리케이션을 실행해보자.

```
(venv)$ python main.py
INFO:     Will watch for changes in these directories: ['/Users/youngestdev/Work/
Building-Web-APIs-with-FastAPIand-Python/ch05/planner']
INFO:     Uvicorn running on http://127.0.0.1:8000 (Press [Ctrl]+[C] to quit)
INFO:     Started reloader process [6547] using statreload
INFO:     Started server process [6550]
INFO:     Waiting for application startup.
INFO:     Application startup complete.
```

6 애플리케이션이 실행됐으니 사용자 라우트를 테스트해보자. 사용자 등록부터 테스트한다.

```
(venv)$ curl -X 'POST' \
  'http://127.0.0.1:8000/user/signup' \
  -H 'accept: application/json' \
  -H 'Content-Type: application/json' \
  -d '{
  "email": "fastapi@packt.com",
  "password": "Stro0ng!",
  "username": "FastPackt"
}'
```

정상적으로 요청이 처리되면 다음과 같은 메시지가 표시된다.

```
{
    "message": "User successfully registered!"
}
```

7 이번에는 로그인 라우트를 테스트해보자.

```
(venv)$ curl -X 'POST' \
  'http://127.0.0.1:8000/user/signin' \
  -H 'accept: application/json' \
  -H 'Content-Type: application/json' \
  -d '{
  "email": "fastapi@packt.com",
  "password": "Stro0ng!"
}'
```

정상적으로 요청이 처리되면 다음과 같은 메시지가 표시된다.

```
{
    "message": "User signed in successfully."
}
```

8 로그인 시 패스워드가 틀리면 다른 메시지가 전달되는지 확인해보자.

```
(venv)$ curl -X 'POST' \
  'http://127.0.0.1:8000/user/signin' \
  -H 'accept: application/json' \
  -H 'Content-Type: application/json' \
  -d '{
  "email": "fastapi@packt.com",
  "password": "password!"
}'
```

실행 결과는 다음과 같다.

```
{
    "detail": "Wrong credential passed"
}
```

FastAPI가 제공하는 스웨거 기반 인터랙티브 문서를 통해 라우트를 확인할 수도 있다. 브라우저를 열어서 *http://127.0.0.1:8000/docs*에 접속하면 인터랙티브 문서를 볼 수 있다.

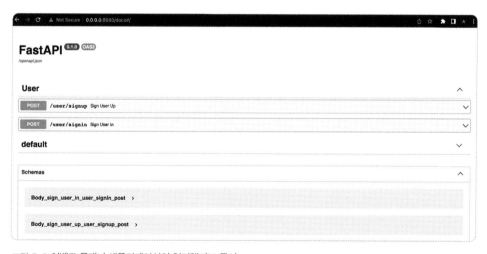

그림 5-3 이벤트 플래너 애플리케이션의 인터랙티브 문서

사용자 라우트를 모두 구현했다. 다음으로 이벤트 처리용 라우트를 구현해보자.

이벤트 라우트

사용자 라우트가 준비됐으니 이제 이벤트 라우트를 구현해보자.

1 routes 폴더의 events.py를 열어서 다음과 같이 의존 라이브러리를 임포트하고 이벤트 라우트를 정의한다.

```python
from fastapi import APIRouter, Body, HTTPException, status
from models.events import Event
from typing import List

event_router = APIRouter(
    tags=["Events"]
)

events = []
```

2 모든 이벤트를 추출하거나 특정 ID의 이벤트만 추출하는 라우트를 정의한다.

```python
@event_router.get("/", response_model=List[Event])
async def retrieve_all_events() -> List[Event]:
    return events

@event_router.get("/{id}", response_model=Event)
async def retrieve_event(id: int) -> Event:
    for event in events:
        if event.id == id:
            return event
    raise HTTPException(
        status_code=status.HTTP_404_NOT_FOUND,
        detail="Event with supplied ID does not exist"
    )
```

특정 ID의 이벤트만 추출하는 라우트에서는 해당 ID의 이벤트가 없으면 HTTP_404_NOT_FOUND 예외를 발생시킨다.

3 이벤트 생성 및 삭제 라우트를 정의한다. 첫 번째 라우트는 이벤트 생성, 두 번째는 데이터 베이스에 있는 단일 이벤트 삭제, 세 번째는 전체 이벤트 삭제다.

```python
@event_router.post("/new")
async def create_event(body: Event = Body(...)) -> dict:
    events.append(body)
    return {
        "message": "Event created successfully."
    }


@event_router.delete("/{id}")
async def delete_event(id: int) -> dict:
    for event in events:
        if event.id == id:
            events.remove(event)
            return {
                "message": "Event deleted successfully."
            }
    raise HTTPException(
        status_code=status.HTTP_404_NOT_FOUND,
        detail="Event with supplied ID does not exist"
    )

@event_router.delete("/")
async def delete_all_events() -> dict:
    events.clear()
    return {
        "message": "Events deleted successfully."
    }
```

이벤트 처리용 라우트 구현이 끝났다. 변경(UPDATE) 라우트는 〈CHAPTER 6 데이터베이스 연결〉에서 실제 데이터베이스와 연동할 때 구현한다.

4 main.py의 라우트 설정을 변경해서 이벤트 라우트를 추가하자.

```python
from fastapi import FastAPI
from routes.users import user_router
from routes.events import event_router
```

```
import uvicorn
app = FastAPI()

# 라우트 등록
app.include_router(user_router,  prefix="/user")
app.include_router(event_router, prefix="/event")

if __name__ == '__main__':
    uvicorn.run("main:app", host="127.0.0.1", port=8000, reload=True)
```

참고로 소스 코드 파일을 변경하고 저장하면 자동으로 애플리케이션이 다시 실행된다.

5 라우트를 테스트해보자.

- **GET 라우트:** 다음 명령을 실행하여 이벤트를 조회해보자.

```
(venv)$ curl -X 'GET' \
'http://127.0.0.1:8000/event/' \
-H 'accept: application/json'
```

다음과 같이 빈 배열이 반환된다. 이벤트가 존재하지 않기 때문이다.

```
[]
```

- **POST 라우트:** 다음 명령을 실행하여 이벤트를 추가해보자.

```
(venv)$ curl -X 'POST' \
  'http://127.0.0.1:8000/event/new' \
  -H 'accept: application/json' \
  -H 'Content-Type: application/json' \
  -d '{
  "id": 1,
  "title": "FastAPI Book Launch",
  "image": "https://linktomyimage.com/image.png",
  "description": "We will be discussing the contents of the FastAPI book in
  this event.Ensure to come with your own copy to win gifts!",
  "tags": ["python", "fastapi","book","launch"],
  "location": "Google Meet"
}'
```

윈도우에서는 다음과 같이 실행한다. 작은따옴표가 아닌 큰따옴표를 사용하는 경우 매개변수값에 사용된 큰따옴표 앞에 이스케이프(\) 기호를 붙여야 한다.

```
curl -X POST http://127.0.0.1:8000/event/new -H "accept: application/json"
-H "Content-Type: application/json" -d "{\"id\": 1,\"title\": \"FastAPI Book
Launch\",\"image\": \"https://linktomyimage.com/image.png\",\"description\":
\"We will be discussing the contents of the FastAPI book in this event.Ensure
to come with your own copy to win gifts!\",\"tags\": [\"python\", \"fastapi\"
,\"book\",\"launch\"],\"location\": \"Google Meet\"}"
```

정상적으로 요청이 처리되면 다음과 같은 메시지가 표시된다.

```
{
    "message": "Event created successfully."
}
```

- **GET 라우트:** 다음 명령을 실행하여 생성한 이벤트를 추출해보자.

```
(venv)$ curl -X 'GET' \
  'http://127.0.0.1:8000/event/1' \
  -H 'accept: application/json'
```

명령을 실행하면 앞서 추가한 이벤트가 그대로 표시된다.

```
{
  "id": 1,
  "title": "FastAPI BookLaunch",
  "image": "https://linktomyimage.com/image.png",
  "description": "We will be discussing the contents of the FastAPI book in
this event.Ensure to come with your own copy to win gifts!",
  "tags": ["python","fastapi","book","launch"],
  "location": "Google Meet"
}
```

- **DELETE 라우트:** 다음 명령을 실행하여 이벤트를 삭제해보자.

```
(venv)$ curl -X 'DELETE' \
  'http://127.0.0.1:8000/event/1' \
  -H 'accept: application/json'
```

정상적으로 요청이 처리되면 다음과 같은 메시지가 표시된다.

```
{
    "message": "Event deleted successfully."
}
```

동일한 삭제 명령을 다시 실행하면 다음과 같은 메시지가 표시된다. 해당 ID의 이벤트가 존재하지 않는다는 의미다.

```
{
    "detail": "Event with supplied ID does not exist"
}
```

이것으로 이벤트 플래너 애플리케이션의 라우트와 모델을 성공적으로 구현했으며 테스트를 통해 제대로 실행되는지도 확인했다.

정리하기

CHAPTER 5에서는 FastAPI 애플리케이션을 구조화하는 방법을 배우고 이벤트 플래너 애플리케이션의 라우트와 모델을 구현했다. 또한 〈CHAPTER 4 템플릿팅〉에서 배운 기본적인 라우트와 모델 개념을 활용했다.

CHAPTER 6에서는 애플리케이션을 SQL 및 NoSQL 데이터베이스와 연결하는 방법을 설명한다. 그런 다음 기존 이벤트 플래너 애플리케이션을 개선하고 새로운 기능도 추가한다. 실제 데이터베이스와 연동하기 전에 데이터베이스가 무엇인지, 어떤 종류(SQL과 NoSQL)가 있는지, 어떻게 FastAPI 애플리케이션에서 사용하는지 알아보자.

CHAPTER 6

데이터베이스 연결

〈CHAPTER 5 구조화〉에서 FastAPI 애플리케이션을 구조화하는 방법을 배우고 이벤트 플래너 애플리케이션용 라우트와 모델을 구현 및 테스트했다. 하지만 여전히 이벤트 데이터를 저장하기 위해 내장 데이터베이스를 사용하고 있다. 따라서 CHAPTER 6에서는 외부 데이터베이스를 사용하도록 애플리케이션을 변경해볼 것이다.

데이터베이스는 데이터를 저장하는 창고로, 컬럼^{column}(또는 필드^{field})과 로우^{row}로 구성된 테이블을 갖는다. 내장 데이터베이스의 경우 애플리케이션을 재시작을 하면 데이터가 모두 지워지기 때문에 데이터를 영구적으로 저장할 수 있는 데이터베이스가 필요하다.

CHAPTER 6에서 다루는 내용은 다음과 같다.

- SQLModel 설정
- SQLModel을 사용한 SQL 데이터베이스의 CRUD 처리
- 몽고DB^{MongoDB} 설정
- beanie를 사용한 몽고DB의 CRUD 처리

학습을 마치면 FastAPI 애플리케이션을 데이터베이스와 연결할 수 있다. SQLModel을 사용한 SQL 데이터베이스 연결 방법과 beanie를 사용한 몽고DB 데이터베이스 연결 방법을 모두 설명하지만 이후에는 몽고DB를 메인 데이터베이스로 사용한다.

CHATPER 6~8의 실습을 진행하려면 몽고DB를 설치해야 한다. 설치 방법은 몽고DB 공식 사이트[30]에서 운영체제에 맞는 문서를 참고하면 된다.

6.1 SQLModel 설정

SQL 데이터베이스와 이벤트 플래너 애플리케이션을 연동하려면 먼저 SQLModel 라이브러리를 설치해야 한다. SQLModel 라이브러리는 FastAPI 개발자가 만들었으며 pydantic과 SQLAlchemy를 기반으로 한다. pydantic을 통해 모델을 쉽게 정의할 수 있다는 것은 이미 〈CHAPTER 3 응답 모델과 오류 처리〉에서 배웠다.

SQL과 NoSQL 데이터베이스를 모두 구현해야 하므로 새로운 GitHub 브랜치를 만들 것이다. 먼저 터미널(또는 명령 프롬프트)에서 이벤트 플래너 애플리케이션 폴더로 이동한 다음 Git 저장소를 초기화하고 기존 파일을 커밋한다.

```
$ git init
$ git add database models routes main.py
$ git commit -m "데이터베이스가 없는 기본 애플리케이션 커밋"
```

그런 다음 새로운 브랜치를 만든다.

```
$ git checkout -b planner-sql
```

SQLModel을 설치할 준비가 끝났다. 터미널에서 가상 환경을 활성화한 후 SQLModel 라이브러리를 설치하자.

```
$ source venv/bin/activate
(venv)$ pip install sqlmodel
```

애플리케이션에 데이터베이스를 연결하기 전에 SQLModel의 구조와 기능을 먼저 살펴보자.

---

30 https://www.mongodb.com/docs/manual/installation/

테이블

테이블은 데이터베이스에 저장된 데이터를 가지고 있는 객체다. 예를 들어 이벤트 데이터는 이벤트 테이블에 저장된다. 테이블은 컬럼과 로우로 구성되며 이 구조에 맞게 데이터가 저장된다.

SQLModel을 사용해서 테이블을 생성하려면 테이블 모델 클래스를 먼저 정의해야 한다. pydantic 모델처럼 테이블을 정의하지만 이번에는 SQLModel의 서브 클래스로 정의한다. 클래스 정의는 table이라는 설정 변수를 갖는다. 이 변수를 통해 해당 클래스가 SQLModel 테이블이라는 것을 인식한다.

모델 클래스 안에 정의된 변수는 따로 지정하지 않으면 기본 필드로 설정된다. 만약 필드의 특성을 지정하고 싶다면 Field() 함수를 사용하면 된다. 이벤트 테이블이 어떻게 정의되는지 살펴보자.

```python
class Event(SQLModel, table=True):
    id: Optional[int] = Field(default=None, primary_key=True)
    title: str
    image: str
    description: str
    location: str
    tags: List[str]
```

Event 테이블 클래스에서는 id만 필드로 정의되고 나머지는 컬럼으로 정의된다. 필드는 SQLModel 라이브러리가 제공하는 Field 객체를 사용해서 정의된다. id 필드는 테이블의 기본키[primary key]로도 사용된다.

기본키
기본키는 데이터베이스에 저장된 각 레코드를 구분하는 고유한 식별자다.

테이블이 무엇인지, 테이블을 어떻게 생성하는지 살펴보았으니 이번에는 로우가 무엇인지 알아보자.

로우

데이터베이스 테이블로 전달된 데이터는 특정 컬럼 아래에 있는 로우에 저장된다. 로우에 데이터를 추가하고 저장하려면 테이블의 인스턴스를 만든 후 인스턴스의 변수에 원하는 데이터를 할당하면 된다. 예를 들어 하나의 이벤트 데이터를 이벤트 테이블에 추가하려면 다음과 같이 이벤트 모델의 인스턴스를 만들어야 한다.

```
new_event = Event(title="Book Launch",
                  image="src/fastapi.png",
                  description="The book launch event will
                  be held at Packt HQ, Packt city",
                  location="Google Meet",
                  tags=["packt", "book"])
```

그런 다음 세션(Session) 클래스를 사용해서 데이터베이스 트랜잭션transaction을 만든다.

```
with Session(engine) as session:
    session.add(new_event)
    session.commit()
```

아직 이런 코드가 생소할 것이다. 세션 클래스가 무엇인지, 어떻게 작동하는지부터 알아보자.

세션

세션 객체는 코드와 데이터베이스 사이에서 이루어지는 처리를 관리하며 주로 특정 처리를 데이터베이스에 적용하기 위해 사용된다. Session 클래스는 SQL 엔진의 인스턴스를 인수로 사용한다.

앞서 테이블과 로우를 어떻게 생성하는지 살펴봤다. 이제 데이터베이스를 어떻게 생성하는지 알아보자. 여기서 사용하는 Session 클래스의 메서드는 다음과 같다.

- **add()**: 처리 대기 중인 데이터베이스 객체를 메모리에 추가한다. 앞서 살펴본 코드에서 new_event 객체는 세션 메모리에 추가되고 commit() 메서드에 의해 데이터베이스에 등록(커밋)될 때까지 대기했다.
- **commit()**: 현재 세션에 있는 트랜잭션을 모두 정리한다.
- **get()**: 데이터베이스에서 단일 로우를 추출한다. 모델과 문서 ID를 인수로 사용한다.

지금까지 테이블, 로우, 컬럼 생성 방법과 Session 클래스를 사용해 데이터를 추가하는 방법을 배웠다. 다음 절에서는 데이터베이스를 만들고 CRUD를 처리하는 방법을 살펴본다.

6.2 데이터베이스 생성

SQLModel에서는 SQLAlchemy 엔진을 사용해서 데이터베이스를 연결한다. SQLAlchemy 엔진은 create_engine() 메서드를 사용해서 만들며 SQLModel 라이브러리에서 임포트한다.

create_engine() 메서드는 데이터베이스 URL을 인수로 사용한다. 데이터베이스 URL은 *sqlite:///database.db* 또는 *sqlite:///database.sqlite*와 같은 형식이다. create_engine()은 echo를 선택적 인수로 지정할 수 있다. True로 설정하면 실행된 SQL 명령을 출력한다.

create_engine() 메서드만으로는 데이터베이스 파일을 만들 수 없다. SQLModel.metadata.create_all(engine) 메서드를 사용해서 create_engine() 메서드의 인스턴스를 호출해야 한다.

```
database_file = "database.db"
engine = create_engine(database_file, echo=True)
SQLModel.metadata.create_all(engine)
```

create_all() 메서드는 데이터베이스뿐만 아니라 테이블도 생성한다. 중요한 점은 데이터베이스 연결 파일(connection.py)에서 테이블 파일을 임포트해야 한다는 것이다.

이벤트 플래너 애플리케이션에서는 이벤트에 대한 CRUD 처리를 수행한다. database 폴더에 다음과 같이 파일을 생성하자. 이 파일에 데이터베이스 연결을 위한 데이터를 설정할 것이다.

```
(venv)$ touch database/connection.py
```

데이터베이스 연결을 위한 파일을 생성했으니 다음 단계를 따라 애플리케이션을 데이터베이스와 연동하는 함수를 작성하자.

1 models/events.py에 정의한 이벤트 모델 클래스(Event)를 변경해서 SQLModel의 테이블 클래스를 사용하도록 만든다.[31]

```python
from sqlmodel import JSON, SQLModel, Field, Column
from typing import Optional, List

class Event(SQLModel, table=True):
    id: int = Field(default=None, primary_key=True)
    title: str
    image: str
    description: str
    tags: List[str] = Field(sa_column=Column(JSON))
    location: str

    class Config:
        arbitrary_types_allowed = True
        schema_extra = {
            "example": {
                "title": "FastAPI Book Launch",
                "image": "https://linktomyimage.com/image.png",
                "description": "We will be discussing the contents of the FastAPI
book in this event. Ensure to come with your own copy to win gifts!",
                "tags": ["python", "fastapi", "book","launch"],
                "location": "Google Meet"
            }
        }
```

이 코드는 기존 모델 클래스를 SQL 테이블 클래스로 변경한다.

2 UPDATE 처리의 바디 유형으로 사용할 SQLModel 클래스를 추가한다.

```python
class EventUpdate(SQLModel):
    title: Optional[str]
    image: Optional[str]
    description: Optional[str]
    tags: Optional[List[str]]
```

---

31 옮긴이_제공된 소스에는 현재 작성하고 있는 planner-sql 브랜치 내용은 포함되어 있지 않고 후반부의 NoSQL 로직만 포함되어 있다.

```
        location: Optional[str]

    class Config:
        schema_extra = {
            "example": { "title": "FastAPI Book Launch",
            "image": "https://linktomyimage.com/image.png",
            "description": "We will be discussing the contents of the FastAPI book
in this event. Ensure to come with your own copy to win gifts!",
            "tags": ["python", "fastapi", "book", "launch"],
            "location": "Google Meet"
        }
    }
```

3 connection.py에 데이터베이스 및 테이블 생성을 위한 설정을 작성한다.

```
from sqlmodel import SQLModel, Session, create_engine
from models.events import Event

database_file = "planner.db"
database_connection_string = f"sqlite:///{database_file}"
connect_args = {"check_same_thread": False}
engine_url = create_engine(database_connection_string, echo=True, connect_
args=connect_args)

def conn():
    SQLModel.metadata.create_all(engine_url)

def get_session():
    with Session(engine_url) as session:
        yield session
```

이 코드는 먼저 필요한 의존 라이브러리와 테이블 모델을 임포트한다. 그리고 데이터베이스 파일의 위치(없는 경우 생성된다), 연결 문자열^{connection string}, 생성된 SQL 데이터베이스의 인스턴스를 변수에 저장한다. conn() 함수는 SQLModel을 사용해서 데이터베이스와 테이블을 생성하고 get_session()을 사용해서 데이터베이스 세션을 애플리케이션 내에서 유지한다.

4 main.py를 다음과 같이 변경하여 애플리케이션이 시작될 때 데이터베이스를 생성하도록 한다.[32]

```python
from fastapi import FastAPI
from fastapi.responses import RedirectResponse
from typing import List
from database.connection import conn

from routes.users import user_router
from routes.events import event_router

import uvicorn

app = FastAPI()

# 라우트 등록
app.include_router(user_router,  prefix="/user")
app.include_router(event_router, prefix="/event")

@app.on_event("startup")
def on_startup():
    conn()

@app.get("/")
async def home():
    return RedirectResponse(url="/event/")

if __name__ == '__main__':
    uvicorn.run("main:app", host="127.0.0.1", port=8000, reload=True)
```

애플리케이션을 실행하면 데이터베이스가 생성된다. 시작 시 conn() 함수를 호출해서 데이터베이스를 생성하기 때문이다. 터미널에서 애플리케이션을 실행하면 데이터베이스와 테이블이 생성됐다는 메시지가 출력된다.

---

32 옮긴이_ RedirectResponse는 상태 코드 307(리다이렉트)을 반환한다. 여기서는 "/"으로 접속한 경우 "/event"로 리다이렉트하기 위해 사용된다.

```
python main.py                                                    ⌥⌘1
INFO:     Will watch for changes in these directories: ['/Users/youngestdev/Work/Building-Web-APIs-with-FastAPI-a
nd-Python/ch06/planner']
INFO:     Uvicorn running on http://0.0.0.0:8080 (Press CTRL+C to quit)
INFO:     Started reloader process [5668] using statreload
INFO:     Started server process [5671]
INFO:     Waiting for application startup.
2022-04-06 16:25:36,230 INFO sqlalchemy.engine.Engine BEGIN (implicit)
2022-04-06 16:25:36,230 INFO sqlalchemy.engine.Engine PRAGMA main.table_info("event")
2022-04-06 16:25:36,230 INFO sqlalchemy.engine.Engine [raw sql] ()
2022-04-06 16:25:36,230 INFO sqlalchemy.engine.Engine PRAGMA temp.table_info("event")
2022-04-06 16:25:36,231 INFO sqlalchemy.engine.Engine [raw sql] ()
2022-04-06 16:25:36,231 INFO sqlalchemy.engine.Engine
CREATE TABLE event (
        tags JSON,
        id INTEGER,
        title VARCHAR NOT NULL,
        image VARCHAR NOT NULL,
        description VARCHAR NOT NULL,
        location VARCHAR NOT NULL,
        PRIMARY KEY (id)
)

2022-04-06 16:25:36,231 INFO sqlalchemy.engine.Engine [no key 0.00003s] ()
2022-04-06 16:25:36,232 INFO sqlalchemy.engine.Engine COMMIT
```

그림 6-1 이벤트 플래너 데이터베이스 및 이벤트 테이블 생성

[그림 6-1]에서 볼 수 있듯이 SQL 명령이 화면에 출력되는 이유는 데이터베이스 엔진을 만들 때 echo를 True로 설정했기 때문이다.

데이터베이스를 생성했으니 데이터베이스를 사용하도록 CRUD 처리 라우트를 변경해보자.

이벤트 생성

routes/events.py를 변경해서 이벤트 테이블 클래스와 get_session() 함수를 임포트한다. get_session() 함수를 통해 라우트가 세션 객체에 접근할 수 있다.

```
from fastapi import APIRouter, Depends, HTTPException, Request, status
from database.connection import import get_session
from models.events import Event, EventUpdate
```

Depends

Depends 클래스는 FastAPI 애플리케이션에서 의존성 주입^{dependency injection}을 담당한다. 이 클래스는 함수를 인수로 사용하거나 함수 인수를 라우트에 전달할 수 있게 해서 어떤 처리가 실행되든지 필요한 의존성을 확보해준다.

신규 이벤트 생성을 담당하는 POST 라우트를 다음과 같이 변경한다.

```python
@event_router.post("/new")
async def create_event(new_event: Event,
    session=Depends(get_session)) -> dict:
        session.add(new_event)
        session.commit()
        session.refresh(new_event)

        return {
            "message": "Event created successfully."
        }
```

이 코드는 데이터베이스 처리에 필요한 세션 객체가 get_session() 함수에 의존하도록 설정한다. 함수 내에서는 데이터(이벤트)를 세션에 추가하고 데이터베이스에 등록(커밋)한 후 세션을 업데이트한다.

다음 명령을 사용해 라우트가 제대로 변경됐는지 확인한다.

```
(venv)$ curl -X 'POST' \
 'http://127.0.0.1:8000/event/new' \
 -H 'accept: application/json' \
 -H 'Content-Type: application/json' \
 -d '{
 "title": "FastAPI Book Launch",
 "image": "fastapi-book.jpeg",
 "description": "We will be discussing the contents of the FastAPI book in this
 event. Ensure to come with your own copy to win gifts!",
 "tags": ["python","fastapi","book","launch"],
 "location": "Google Meet"
 }'
```

윈도우에서는 다음과 같이 실행한다.

```
curl -X POST http://127.0.0.1:8000/event/new -H "accept: application/json"
-H "Content-Type: application/json" -d "{\"id\": 1,\"title\": \"FastAPI Book
Launch\",\"image\": \"https://linktomyimage.com/image.png\",\"description\": \"We
will be discussing the contents of the FastAPI book in this event.Ensure to come
with your own copy to win gifts!\",\"tags\": [\"python\", \"fastapi\",\"book\",\"l
aunch\"],\"location\": \"Google Meet\"}"
```

정상적으로 요청이 처리되면 다음과 같은 메시지가 표시된다.

```
{
    "message": "Event created successfully."
}
```

처리가 실패한 경우에는 예외가 반환된다.

이벤트 조회

전체 이벤트를 추출하는 GET 라우트를 변경해서 데이터베이스에서 데이터를 가져오도록 만들어보자. 다음과 같이 routes/events.py 파일을 변경하면 된다.

```python
from sqlmodel import select

@event_router.get("/", response_model=List[Event])
async def retrieve_all_events(session=Depends(get_session)) -> List[Event]:
    statement = select(Event)
    events = session.exec(statement).all()
    return events
```

마찬가지로 지정한 ID의 이벤트 정보를 표시하는 라우트도 변경한다.

```python
@event_router.get("/{id}", response_model=Event)
async def retrieve_event(id: int, session=Depends(get_session)) -> Event:
    event = session.get(Event, id)
    if event:
        return event

    raise HTTPException(
        status_code=status.HTTP_404_NOT_FOUND,
        detail="Event with supplied ID does not exist"
    )
```

두 라우트의 응답 모델이 모델 클래스를 사용하도록 설정했다.

이제 이벤트 목록을 반환하는 GET 요청을 테스트해보자.

```
(venv)$ curl -X 'GET' \
  'http://127.0.0.1:8000/event/' \
  -H 'accept: application/json'
```

정상적으로 요청이 처리되면 다음과 같은 결과가 표시된다.

```
[
  {
    "id": 1,
    "title": "FastAPI Book Launch",
    "image": "fastapi-book.jpeg",
    "description": "We will be discussing the contents of the FastAPI book in this
event.Ensure to come with your own copy to win gifts!",
    "tags": ["python","fastapi", "book", "launch"],
    "location": "Google Meet"
  }
]
```

이번에는 ID를 지정해서 이벤트를 추출해보자.[33]

```
(venv)$ curl -X 'GET' \
 'http://127.0.0.1:8000/event/1' \
 -H 'accept: application/json'

[
  {
    "id": 1,
    "title": "FastAPI Book Launch",
    "image": "fastapi-book.jpeg",
    "description": "We will be discussing the contents of the FastAPI book in this
event.Ensure to come with your own copy to win gifts!",
    "tags": ["python","fastapi", "book", "launch"],
    "location": "Google Meet"
  }
]
```

---

33 옮긴이_ 현재 이벤트가 하나뿐이기 때문에 두 라우트의 결과가 같다.

이벤트 변경

routes/events.py 파일에 UPDATE 라우트를 다음과 같이 추가한다.

```python
@event_router.put("/edit/{id}", response_model=Event)
async def update_event(id: int, new_data: EventUpdate, session=Depends(get_
session)) -> Event:
```

라우트 함수에 특정 이벤트를 추출해서 변경하는 코드를 작성한다.

```python
    event = session.get(Event, id)
    if event:
        event_data = new_data.dict(exclude_unset=True)
        for key, value in event_data.items():
            setattr(event, key, value)
        session.add(event)
        session.commit()
        session.refresh(event)

        return event
    raise HTTPException(
        status_code=status.HTTP_404_NOT_FOUND,
        detail="Event with supplied ID does not exist"
    )
```

이 코드는 이벤트를 변경하기 전에 해당 이벤트가 존재하는지를 먼저 확인한다. 이벤트를 변경한 후에는 변경한 데이터를 반환한다. 다음 명령을 사용해 기존 이벤트의 타이틀(title)을 변경해보자.

```
(venv)$ curl -X 'PUT' \
  'http://127.0.0.1:8000/event/edit/1' \
  -H 'accept: application/json' \
  -H 'Content-Type: application/json' \
  -d '{
  "title": "Packts FastAPI book launch II"
}'
```

윈도우에서는 다음 명령을 사용한다.

```
curl -X PUT http://127.0.0.1:8000/event/edit/1 -H "accept: application/json" -H
"Content-Type: application/json" -d "{\"title\":\"Packts FastAPI book launch
II\"}"
```

정상적으로 요청이 처리되면 다음과 같은 결과가 표시된다.

```
[
  {
    "id": 1,
    "title": "Packts FastAPI book launch II",
    "image": "fastapi-book.jpeg",
    "description": "We will be discussing the contents of the FastAPI book in this
event.Ensure to come with your own copy to win gifts!",
    "tags": ["python","fastapi", "book", "launch"],
    "location": "Google Meet"
  }
]
```

이벤트 삭제

events.py 파일에서 기존 DELETE 라우트를 다음과 같이 변경한다.

```python
@event_router.delete("/delete/{id}")
async def delete_event(id: int, session=Depends(get_session)) -> dict:
    event = session.get(Event, id)
    if event:
        session.delete(event)
        session.commit()
        return {
            "message": "Event deleted successfully."
        }

    raise HTTPException(
        status_code=status.HTTP_404_NOT_FOUND,
        detail="Event with supplied ID does not exist"
    )
```

이 코드는 해당 ID의 이벤트가 존재하는지 확인한 후 존재하면 데이터베이스에서 삭제한다.

처가가 끝나면 성공 메시지 또는 이벤트가 존재하지 않는다는 메시지를 반환한다. 데이터베이스에서 이벤트 하나를 삭제해보자.

```
(venv)$ curl -X 'DELETE' \
  'http://127.0.0.1:8000/event/delete/1' \
  -H 'accept: application/json'
```

윈도우에서는 다음과 같이 실행한다.

```
curl -X DELETE "http://127.0.0.1:8000/event/delete/1" -H "accept: application/json"
```

정상적으로 요청이 처리되면 다음과 같은 메시지가 표시된다.

```
{
    "message": "Event deleted successfully."
}
```

전체 이벤트를 추출하는 명령을 실행해보자.

```
(venv)$ curl -X 'GET' \
  'http://127.0.0.1:8000/event/' \
  -H 'accept: application/json'
```

명령을 실행하면 다음과 같이 빈 배열이 반환된다. 기존 이벤트를 삭제했으므로 등록된 이벤트가 없기 때문이다.

```
[]
```

지금까지 SQLModel을 사용해서 애플리케이션과 데이터베이스를 연결하고 CRUD 처리를 구현했다. 작성한 코드를 커밋하자.

```
(venv)$ git add .
(venv)$ git commit -m "[Feature] SQL 데이터베이스 연동 및 CRUD 처리 구현"
```

그런 다음 브랜치를 마스터 브랜치로 변경한다.

```
(venv)$ git checkout master
```

이제 애플리케이션을 원래 상태로 되돌렸다. 이어서 몽고DB를 연동하여 CRUD 처리를 구현
해보자.

6.3 몽고DB 설정

FastAPI와 몽고DB를 연결해주는 몇 가지 도구가 존재하지만 여기서는 beanie를 사용한다.
beanie는 비동기 객체 문서 매퍼Object Document Mapper(ODM)로, 데이터베이스 처리를 담당한다.
다음 명령을 사용해서 beanie를 설치한다.[34]

```
(venv)$ pip install beanie==1.13.1
```

데이터베이스 연동에 앞서 beanie의 기능과 데이터베이스 테이블 생성 방법을 알아보자.

문서

SQL에서는 데이터가 컬럼과 로우로 구성된 테이블에 저장된다. NoSQL 데이터베이스에서
는 데이터 저장을 위해 문서를 사용한다. 문서는 데이터베이스 컬렉션에 데이터가 저장되는 형
식으로, pydantic 모델과 동일한 방식으로 정의된다. 유일한 차이점은 beanie가 제공하는
Document 클래스를 사용한다는 점이다.

예를 들면 다음과 같이 문서를 정의할 수 있다.

```
from beanie import Document

class Event(Document):
```

----

34 옮긴이_예제 코드를 실행하려면 beanie를 1.13.x 버전으로 지정해야 한다. 1.14.x부터는 실행되지 않는다.

```
    name: str
    location: str

    class Settings:
        name = "events"
```

여기서 Settings 서브 클래스는 몽고DB 데이터베이스 내에 설정한 이름으로 컬렉션을 생성한다.

문서 생성 방법을 알았으니 CRUD 처리를 위한 메서드를 살펴보자.

- **insert( ), create( )**: 문서 인스턴스에 의해 호출되며 데이터베이스 내에 새로운 레코드를 생성한다. 단일 데이터는 insert_one( ) 메서드를 사용해 추가하고 여러 개의 데이터는 insert_many( ) 메서드를 사용해 추가한다.

```
event1 = Event(name="Packt office launch", location="Hybrid")
event2 = Event(name="Hanbit office launch", location="Hybrid")
await event1.create()
await event2.create()
await Event.insert_many([event1, event2])
```

- **find( ), get( )**: find( ) 메서드는 인수로 지정한 문서를 문서 목록에서 찾는다. get( ) 메서드는 지정한 ID와 일치하는 단일 문서를 반환한다. find_one( ) 메서드는 다음과 같이 지정한 조건과 일치하는 단일 문서를 반환한다.[35]

```
event = await Event.get("74478287284ff")
# 일치하는 아이템의 리스트를 반환한다.
event = await Event.find(Event.location == "Hybrid").to_list()
# 단일 이벤트를 반환한다.
event = await Event.find_one(Event.location == "Hybrid")
```

- **save( ), update( ), upsert( )**: save( ) 메서드는 데이터를 신규 문서로 저장할 때 사용된다. update( ) 메서드는 기존 문서를 변경할 때 사용되고, upsert( ) 메서드는 조건에 부합하는 문서가 없으면 신규로 추가할 때 사용된다.[36] 여기서는 update( ) 메서드를 사용하며 다음과 같이 변경용 쿼리를 지정한다.

---

35 옮긴이_ "74478287284ff"는 몽고DB의 고유한 문서 ID를 의미한다.
36 옮긴이_ 즉, 변경하려는 문서가 없으면 새롭게 추가한다. update와 insert를 합친 용어다.

```
event = await Event.get("74478287284ff")
update_query = {"$set": {"location": "virtual"}}
await event.update(update_query)
```

이 코드는 변경하고자 하는 쿼리를 추출한 후 해당 문서의 location 필드를 virtual(온라인)로 변경한다.

- **delete()**: 데이터베이스에서 문서를 삭제한다. 사용 방법은 다음과 같다.

```
event = await Event.get("74478287284ff")
await event.delete()
```

지금까지 beanie 라이브러리가 제공하는 메서드를 살펴봤다. 이제 이벤트 플래너 애플리케이션에 몽고DB를 설정하고 문서를 정의해보자.

데이터베이스 초기화

데이터베이스 초기화 과정을 단계별로 살펴보자.

1 database 폴더에 connection.py라는 파일을 만든다.

```
(venv)$ touch connection.py
```

pydantic의 BaseSettings 부모 클래스를 사용해서 설정 변수를 읽을 수 있다. 웹 API를 개발할 때는 설정 변수를 하나의 환경 파일에 저장하는 것이 좋다.

2 connection.py에 다음 코드를 추가한다.

```
from beanie import init_beanie
from motor.motor_asyncio import AsyncIOMotorClient
from typing import Optional
from pydantic import BaseSettings

class Settings(BaseSettings):
```

```
        DATABASE_URL: Optional[str] = None

    async def initialize_database(self):
        client = AsyncIOMotorClient(self.DATABASE_URL)
        await init_beanie(database=client.get_default_database(),
            document_models=[])

    class Config:
        env_file = ".env"
```

이 코드는 먼저 데이터베이스를 초기화하기 위해 필요한 라이브러리를 임포트한다. 그런 다음 Settings 클래스를 정의해서 데이터베이스 URL(DATABASE_URL)을 설정한다. 데이터베이스 URL은 Config 서브 클래스에 정의된 환경 파일(env_file)에서 읽어온다. 마지막으로 initialize_database() 메서드를 정의해서 데이터베이스를 초기화한다.

init_beanie() 메서드는 데이터베이스 클라이언트를 설정한다. SQLModel에서 생성한 몽고 엔진 버전과 문서 모델을 인수로 설정한다.

3 models 폴더의 모델 파일을 변경하여 몽고DB 문서를 사용할 수 있도록 만들자. 다음과 같이 models/events.py 파일을 변경한다.

```
from beanie import Document
from typing import Optional, List

class Event(Document):
    title: str
    image: str
    description: str
    tags: List[str]
    location: str

    class Config:
        schema_extra = {
            "example": {
                "title": "FastAPI Book Launch",
                "image": "https://linktomyimage.com/image.png",
                "description": "We will be discussing the contents of the FastAPI
book in this event. Ensure to come with your own copy to win gifts!",
                "tags": ["python", "fastapi", "book","launch"],
```

```
            "location": "Google Meet"
        }
    }
class Settings:
    name = "events"
```

4 UPDATE 처리를 위한 pydantic 모델을 동일한 파일에 추가한다.

```
class EventUpdate(BaseModel):
    title: Optional[str]
    image: Optional[str]
    description: Optional[str]
    tags: Optional[List[str]]
    location: Optional[str]

    class Config:
        schema_extra = {
            "example": {
                "title": "FastAPI Book Launch",
                "image": "https://linktomyimage.com/image.png",
                "description": "We will be discussing the contents of the FastAPI
book in this event. Ensure to come with your own copy to win gifts!",
                "tags": ["python", "fastapi", "book", "launch"],
                "location": "Google Meet"
            }
        }
```

5 models/users.py 파일을 다음과 같이 변경한다.

```
from typing import Optional, List
from beanie import Document, Link
from pydantic import BaseModel, EmailStr
from models.events import Event

class User(Document):
    email: EmailStr
    password: str
    events: Optional[List[Event]]

    class Settings:
```

```
            name = "users"

    class Config:
        schema_extra = {
            "example": {
                "email": "fastapi@packt.com",
                "username": "strong!!!",
                "events": [],
            }
        }
class UserSignIn(BaseModel):
    email: EmailStr
    password: str
```

6 connection.py의 document_models 필드를 다음과 같이 변경한다.

```
from models.users import User
from models.events import Event

async def initialize_database(self):
    client = AsyncIOMotorClient(self.DATABASE_URL)
    await init_beanie(database=client.get_default_database(),
        document_models=[Event, User])

class Config:
    env_file = ".env"
```

7 환경 파일(.env)을 생성한 다음[37] 데이터베이스 URL을 추가하면 데이터베이스 초기화 과정이 끝난다.

```
(venv)$ touch .env
(venv)$ echo DATABASE_URL=mongodb://localhost:27017/planner >> .env
```

윈도우에서는 다음 명령을 사용하거나 파일 탐색기를 이용해 생성한다.

----

37 옮긴이_.env 파일은 planner 루트 폴더 아래(planner/.env)에 추가한다.

```
c:\fastapi\planner\rem. > .env
c:\fastapi\planner\echo DATABASE_URL=mongodb://localhost:27017/planner >> .env
```

데이터베이스 초기화 작업이 모두 끝났다. 다음으로 CRUD 처리를 구현해보자.

6.4 CRUD 처리

connection.py 파일에 다음과 같이 새로운 Database 클래스를 추가한다. 이 클래스는 초기화 시 모델을 인수로 받는디.

```python
from pydantic import BaseSettings, BaseModel
from typing import Any, List, Optional
from beanie import init_beanie, PydanticObjectId

class Database:
    def __init__(self, model):
        self.model = model
```

데이터베이스 초기화 중에 사용되는 모델은 Event 또는 User 문서의 모델이다.

생성 처리

Database 클래스 안에 다음과 같이 save() 메서드를 추가한다. 이 메서드는 레코드 하나를 데이터베이스 컬렉션에 추가한다.

```python
    async def save(self, document) -> None:
        await document.create()
        return
```

이 코드는 문서를 인수로 받는 save() 메서드를 정의한다. 정확히 말하면 문서의 인스턴스를 받아서 데이터베이스 인스턴스에 전달한다.

조회 처리

데이터베이스 컬렉션에서 단일 레코드를 불러오거나 전체 레코드를 불러오는 메서드를 작성해
보자.

```python
async def get(self, id: PydanticObjectId) -> Any:
    doc = await self.model.get(id)
    if doc:
        return doc
    return False

async def get_all(self) -> List[Any]:
    docs = await self.model.find_all().to_list()
    return docs
```

첫 번째 메서드 get()은 ID를 인수로 받아 컬렉션에서 일치하는 레코드를 불러온다. 반면 두
번째 메서드 get_all()은 인수가 없으며 컬렉션에 있는 모든 레코드를 불러온다.

변경 처리

기존 레코드를 변경하는 메서드를 작성해보자.

```python
async def update(self, id: PydanticObjectId, body: BaseModel) -> Any:
    doc_id = id
    des_body = body.dict()
    des_body = {k:v for k,v in des_body.items() if v is
    not None}
    update_query = {"$set": {
        field: value for field, value in
        des_body.items()
    }}

    doc = await self.get(doc_id)
    if not doc:
        return False
    await doc.update(update_query)
    return doc
```

update() 메서드는 하나의 ID와 pydantic 스키마(모델)를 인수로 받는다. 스키마에는 클라이언트가 보낸 PUT 요청에 의해 변경된 필드가 저장된다. 변경된 요청 바디는 딕셔너리에 저장된 다음 None값을 제외하도록 필터링된다. 이 작업이 완료되면 변경 쿼리에 저장되고 beanie의 update() 메서드를 통해 실행된다.

삭제 처리

데이터베이스에서 레코드를 삭제하는 메서드를 작성해보자.

```python
async def delete(self, id: PydanticObjectId) -> bool:
    doc = await self.get(id)
    if not doc:
        return False
    await doc.delete()
    return True
```

이 메서드는 먼저 해당 레코드가 있는지 확인하고 있으면 삭제한다.

CRUD 처리용 메서드가 추가된 데이터베이스 파일을 완성했다. 이제 라우트를 변경해보자.

routes/events.py

import문과 database 인스턴스를 다음과 같이 변경한다.

```python
from beanie import PydanticObjectId
from fastapi import APIRouter, HTTPException, status
from database.connection import Database

from models.events import Event, EventUpdate
from typing import List
event_database = Database(Event)
```

모든 라우트를 변경해야 한다. GET 라우트부터 시작하자. GET 라우트는 앞서 데이터베이스 파일에 정의한 메서드를 호출한다.

```python
@event_router.get("/", response_model=List[Event])
async def retrieve_all_events() -> List[Event]:
    events = await event_database.get_all()
    return events


@event_router.get("/{id}", response_model=Event)
async def retrieve_event(id: PydanticObjectId) -> Event:
    event = await event_database.get(id)
    if not event:
        raise HTTPException(
            status_code=status.HTTP_404_NOT_FOUND,
            detail="Event with supplied ID does not exist"
        )
    return event
```

POST 라우트를 다음과 같이 변경한다.

```python
@event_router.post("/new")
async def create_event(body: Event) -> dict:
    await event_database.save(body)
    return {
        "message": "Event created successfully."
    }
```

UPDADE 라우트를 다음과 같이 추가한다.

```python
@event_router.put("/{id}", response_model=Event)
async def update_event(id: PydanticObjectId, body: EventUpdate)-> Event:
    updated_event = await event_database.update(id, body)
    if not updated_event:
        raise HTTPException(
            status_code=status.HTTP_404_NOT_FOUND,
            detail="Event with supplied ID does not exist"
        )
    return updated_event
```

마지막으로 DELETE 라우트를 다음과 같이 변경한다.

```python
@event_router.delete("/{id}")
async def delete_event(id: PydanticObjectId) -> dict:
    event = await event_database.delete(id)
    if not event:
        raise HTTPException(
            status_code=status.HTTP_404_NOT_FOUND,
            detail="Event with supplied ID does not exist"
        )
    return {
        "message": "Event deleted successfully."
    }
```

이벤트 라우트용 CRUD 처리를 모두 구현했다. 이어서 사용자 등록 및 로그인 라우트를 구현
해보자.

routes/users.py

import문과 데이터베이스 인스턴스 생성 코드를 다음과 같이 변경한다.

```python
from fastapi import APIRouter, HTTPException, status
from database.connection import Database

from models.users import User, UserSignIn

user_router = APIRouter(
    tags=["User"],
)

user_database = Database(User)
```

사용자 등록용 POST 라우트를 다음과 같이 변경한다.

```python
@user_router.post("/signup")
async def sign_new_user(user: User) -> dict:
    user_exist = await User.find_one(User.email == user.email)
    if user_exist:
        raise HTTPException(
            status_code=status.HTTP_409_CONFLICT,
```

```
        detail="User with email provided exists already"
    )
await user_database.save(user)
return {
    "message": "User created successfully."
}
```

해당 이메일의 사용자가 존재하는지 확인하고 없으면 데이터베이스에 등록한다.

이번에는 로그인 라우트를 다음과 같이 변경하자.

```
@user_router.post("/signin")
async def sign_user_in(user: UserSignIn) -> dict:
    user_exist = await User.find_one(User.email == user.email)
    if not user_exist:
        raise HTTPException(
            status_code=status.HTTP_404_NOT_FOUND,
            detail="User with email does not exist"
        )
    if user_exist.password == user.password:
        return {
            "message": "User signed in successfully."
        }
    raise HTTPException(
        status_code=status.HTTP_401_UNAUTHORIZED,
        detail="Invalid details passed"
    )
```

이 라우트는 먼저 해당 사용자가 존재하는지 확인한다. 여기서는 아주 간단한 사용자 인증 방법을 사용하는데 실제 프로덕션에는 권장하지 않는 방법이다. 인증은 〈CHAPTER 7 보안〉에서 자세히 다룬다.

마지막으로 main.py를 수정해서 애플리케이션 실행 시 몽고DB를 초기화하도록 만든다. 강조된 코드를 추가하면 된다.

```
from database.connection import Settings

app = FastAPI()
settings = Settings()
```

```
# 라우트 등록
app.include_router(user_router,  prefix="/user")
app.include_router(event_router, prefix="/event")

@app.on_event("startup")
async def init_db():
    await settings.initialize_database()
```

그런 다음 dotenv 라이브러리를 추가로 설치한다.

```
(venv)$ pip install pydantic[dotenv]
```

이것으로 라우트 구현이 끝났다. 이제 몽고DB 인스턴스와 이벤트 플래너 애플리케이션을 실행해보자. 몽고DB 데이터베이스가 상주할 폴더를 생성한 후 몽고DB 인스턴스를 시작하면 된다.[38]

```
(venv)$ mkdir store
(venv)$ mongod --dbpath store
```

또 다른 터미널 창을 열어서 애플리케이션을 실행한다.

```
(venv)$ python main.py
INFO:     Uvicorn running on http://127.0.0.1:8000 (Press CTRL+C to quit)
INFO:     Started reloader process [3744] using statreload
INFO:     Started server process [3747]
INFO:     Waiting for application startup.
INFO:     Application startup complete.
```

다음 단계에 따라 이벤트를 테스트해보자.

---

38 옮긴이_몽고DB가 설치되어 있어야 한다. 몽고DB는 *https://www.mongodb.com/try/download/community*에서 다운로드할 수 있다.

1 다음 명령을 사용해 이벤트를 생성한다.[39]

```
(venv)$ curl -X 'POST' \
  'http://127.0.0.1:8000/event/new' \
  -H 'accept: application/json' \
  -H 'Content-Type: application/json' \
  -d '{
  "title": "FastAPI Book Launch",
  "image": "fastapi-book.jpeg",
  "description": "We will be discussing the contents of the FastAPI book in this
event. Ensure to come with your own copy to win gifts!",
  "tags": ["python","fastapi","book","launch"],
  "location": "Google Meet"
}'
```

윈도우 명령은 다음과 같다. 앞서 사용한 명령과 약간 다르다. id를 지정하지 않는 점에 유의하자.

```
curl -X POST http://127.0.0.1:8000/event/new -H "accept: application/
json" -H "Content-Type: application/json" -d "{\"title\": \"FastAPI Book
Launch\",\"image\": \"https://linktomyimage.com/image.png\",\"description\": \"We
will be discussing the contents of the FastAPI book in this event.Ensure to come
with your own copy to win gifts!\",\"tags\": [\"python\", \"fastapi\",\"book\",\"l
aunch\"],\"location\": \"Google Meet\"}"
```

정상적으로 요청이 처리되면 다음과 같은 응답이 표시된다.

```
{
    "message": "Event created successfully."
}
```

2 다음 명령을 사용해 모든 이벤트를 조회한다.

```
(venv)$ curl -X 'GET' \
  'http://127.0.0.1:8000/event/' \
  -H 'accept: application/json'
```

---

39 옮긴이_몽고DB가 id를 생성하므로 id를 지정하지 않는다는 점에 유의하자.

명령을 실행하면 다음과 같이 모든 이벤트가 반환된다.

```
[
  {
    "id": "624daab1585059e8a3fa77ac",
    "title": "FastAPI Book Launch",
    "image": "fastapi-book.jpeg",
    "description": "We will be discussing the contents of the FastAPI book in this
event.Ensure to come with your own copy to win gifts!",
    "tags": ["python","fastapi", "book", "launch"],
    "location": "Google Meet"
  }
]
```

3 다음 명령을 사용해 단일 이벤트를 조회한다. 참고로 앞선 실행 결과에서 나온 id를 event/ 뒤에 나오는 값으로 사용한다.

```
(venv)$ curl -X 'GET' \
  'http://127.0.0.1:8000/event/624daab1585059e8a3fa77ac' \
  -H 'accept: application/json'
```

정상적으로 요청이 처리되면 다음과 같은 응답이 표시된다.

```
{
  "_id": "624daab1585059e8a3fa77ac",
  "title": "FastAPI Book Launch",
  "image": "https://linktomyimage.com/image.png",
  "description": "We will be discussing the contents of the FastAPI book in this
event. Ensure to come with your own copy to win gifts!",
  "tags": ["python","fastapi","book","launch"],
  "location": "Google Meet"
}
```

4 위치(location)를 "Hybrid"로 변경한다.

```
(venv)$ curl -X 'PUT' \
  'http://127.0.0.1:8000/event/624daab1585059e8a3fa77ac' \
  -H 'accept: application/json' \
```

```
   -H 'Content-Type: application/json' \
   -d '{
   "location": "Hybrid"
 }'
```

윈도우에서는 다음 명령을 사용한다. 여기서도 앞선 실행 결과에서 나온 id를 event/ 뒤에 나오는 값으로 사용해야 한다.

```
curl -X PUT http://127.0.0.1:8000/event/624daab1585059e8a3fa77ac -H
"accept: application/json" -H "Content-Type: application/json" -d
"{\"location\":\"Hybrid\"}"
```

정상적으로 요청이 처리되면 다음과 같은 응답이 표시된다.

```
{
  "_id": "624daab1585059e8a3fa77ac",
  "title": "FastAPI Book Launch",
  "image": "https://linktomyimage.com/image.png",
  "description": "We will be discussing the contents of the FastAPI book in this
event. Ensure to come with your own copy to win gifts!",
  "tags": ["python","fastapi","book","launch"],
  "location": "Hybrid"
}
```

5 이번에는 생성한 이벤트를 삭제해보자.

```
(venv)$ curl -X 'DELETE' \
  'http://127.0.0.1:8000/event/624daab1585059e8a3fa77ac' \
  -H 'accept: application/json'
```

윈도우에서는 다음 명령을 사용한다.

```
curl -X DELETE "http://127.0.0.1:8000/event/624daab1585059e8a3fa77ac" -H "accept:
application/json"
```

정상적으로 요청이 처리되면 다음과 같은 응답이 표시된다.

```
{
    "message": "Event deleted successfully."
}
```

6 사용자를 등록해보자.

```
(venv)$ curl -X 'POST' \
  'http://127.0.0.1:8000/user/signup' \
  -H 'accept: application/json' \
  -H 'Content-Type: application/json' \
  -d '{
  "email": "fastapi@packl.com",
  "password": "strong!!!",
  "events": []
}'
```

윈도우에서는 다음과 같이 실행한다.

```
curl -X POST "http://localhost:8000/user/signup" -H "accept: application/
json" -H "Content-Type: application/json" -d "{\"email\": \"fastapi@packt.
com\",\"password\": \"strong!!!\"}"
```

정상적으로 요청이 처리되면 다음과 같은 응답이 표시된다.

```
{
    "message": "User created successfully."
}
```

동일한 요청을 다시 실행하면 다음과 같이 409 오류와 함께 해당 사용자가 이미 존재한다는 메
시지가 반환된다. 사용자가 존재하는지 확인하도록 사용자 등록 라우트를 설계했기 때문이다.

```
{
    "detail": "User with email provided exists already"
}
```

7 방금 생성한 계정으로 로그인해보자.

```
(venv)$ curl -X 'POST' \
  'http://127.0.0.1:8000/user/signin' \
  -H 'accept: application/json' \
  -H 'Content-Type: application/json' \
  -d '{
  "email": "fastapi@packt.com",
  "password": "strong!!!"
}'
```

윈도우에서는 다음과 같이 실행한다.

```
curl -X POST "http://127.0.0.1:8000/user/signin" -H "accept: application/
json" -H "Content-Type: application/json" -d "{\"email\": \"fastapi@packt.
com\",\"password\": \"strong!!!\"}"
```

명령을 실행하면 HTTP 200 응답이 반환된다. 정상적으로 요청이 처리됐다는 의미다.

```
{
    "message": "User signed in successfully."
}
```

정리하기

CHAPTER 6에서는 SQLModel과 beanie를 사용해 애플리케이션을 SQL 및 NoSQL 데이터베이스와 연동하고 각각의 이벤트가 의도한 대로 실행되는지 테스트했다.

CHAPTER 7에서는 웹 애플리케이션 보안에 관해 소개한다. 기본 인증 방법을 포함하여 FastAPI 개발자가 사용할 수 있는 다양한 인증 방법을 다룬 다음 JWT^JSON Web Token를 기반으로 한 인증 시스템을 구현하고 각 이벤트 라우트에 인증을 적용한다. 마지막으로 라우트를 변경하여 이벤트와 사용자를 연결한다.

CHAPTER
7

보안

〈CHAPTER 6 데이터베이스 연결〉에서 FastAPI 애플리케이션을 SQL 및 NoSQL 데이터베이스와 연결하는 방법을 배웠다. 데이터베이스 메서드를 구현하고 기존 라우트를 변경해서 애플리케이션과 데이터베이스가 상호 작용할 수 있게 되었지만 인증을 거치지 않은 사용자도 이벤트 플래너 애플리케이션을 사용해서 이벤트를 생성할 수 있다는 문제가 있다. CHAPTER 7에서는 JWT를 사용해 애플리케이션의 보안을 강화한다. 오직 인증된 사용자만 특정 이벤트 처리할 수 있도록 만드는 것이다.

애플리케이션 보안은 허가되지 않은 개체가 애플리케이션을 해킹하거나 불법적으로 변경하는 것을 방지하기 위해 애플리케이션에 대한 접근을 제한하는 것이다. 인증^{authentication}은 개체가 전달한 인증 정보를 검증하는 것이고 허가^{authorization}는 개체가 특정 처리를 할 수 있도록 권한을 주는 것이다. 인증 정보(ID와 패스워드 등)가 검증되면 권한이 주어지며 해당 권한으로 다양한 처리를 실행할 수 있다.

CHAPTER 7에서 다루는 내용은 다음과 같다.

- FastAPI의 인증 방식
- OAuth2와 JWT를 사용한 애플리케이션 보안
- 의존성 주입을 사용한 라우트 보호
- 교차 출처 리소스 공유^{cross-origin resource sharing}(CORS) 설정

학습을 마치면 해시[hash]를 사용해 패스워드를 보호하고 FastAPI 애플리케이션에 인증 계층을 추가할 수 있다. 허가되지 않은 사용자로부터 라우트를 보호하는 방법도 알 수 있다.

7.1 FastAPI의 인증 방식

FastAPI는 다양한 인증 방식을 지원한다. 그 중에서도 일반적인 인증 방법인 기본 HTTP 인증, 쿠키, bearer 토큰 인증에 관해 먼저 간단히 알아보자.

기본 HTTP 인증

사용자 인증 정보(일반적으로 사용자명과 패스워드를 사용한다)를 Authorization HTTP 헤더를 사용해 전송하는 방식이다. Basic값을 포함하는 WWW-Authenticate 헤더와 인증 요청을 처리한 리소스를 나타내는 영역[realm] 매개변수가 반환된다.

쿠키

데이터를 클라이언트 측(웹 브라우저 등)에 저장할 때 사용된다. FastAPI 애플리케이션도 쿠키를 사용해서 사용자 정보를 저장할 수 있으며 서버는 이 정보를 추출해 인증 처리에 사용한다.

bearer 토큰 인증

bearer 토큰이라는 보안 토큰을 사용해 인증하는 방식이다. 이 토큰은 Bearer 키워드와 함께 요청의 Authorization 헤더에 포함돼 전송된다. 가장 많이 사용되는 토큰은 JWT이며 사용자 ID와 토큰 만료 기간으로 구성된 딕셔너리 형식이 일반적이다.

이 방법들은 모두 장단점이 있으며 사용되는 곳도 다르다. 여기서는 bearer 토큰 인증을 사용한다. 인증에 사용되는 메서드는 런타임 시 호출되는 의존 라이브러리로 FastAPI 애플리케이션에 주입된다. 즉, 정의한 인증 메서드는 실제로 사용되기 전까지 휴면 상태에 있는 것이다. 이것을 의존성 주입이라고 한다.

의존성 주입

의존성 주입은 객체(함수)가 실행에 필요한 인스턴스 변수를 받는 방식을 의미한다. FastAPI 에서는 라우트 처리 함수의 인수로 의존 라이브러리를 주입한다.

우리는 앞서 의존성 주입을 사용했다. 예를 들어 〈CHAPTER 6 데이터베이스 연결〉에서 다음 과 같이 사용자 모델(User)을 함수에 전달해 email 필드를 추출했다.

```
@user_router.post("/signup")
async def sign_user_up(user: User) -> dict:
    user_exist = await User.find_one(User.email == user.email)
```

여기서 User 클래스가 의존 라이브러리이며 이를 sign_user_up() 함수에 주입한다. User를 사 용자 함수의 인수로 주입해 User 클래스의 속성을 쉽게 추출할 수 있다.

의존 라이브러리 생성

FastAPI에서 의존 라이브러리는 함수 또는 클래스로 정의된다. 생성된 의존 라이브러리는 기 본값과 메서드에 접근할 수 있으므로 함수 내에서 이러한 객체를 상속하지 않아도 된다. 의존 성 주입은 반복된 코드 작성을 줄여주므로 인증과 허가처럼 반복적인 구현이 필요한 경우에 큰 도움이 된다.

다음과 같이 의존 라이브러리를 정의할 수 있다.

```
async def get_user(token: str):
    user = decode_token(token)
    return user
```

이 의존 라이브러리는 token을 인수로 사용하고 외부 함수인 decode_token에서 받은 user 매개 변수를 반환하는 함수다. 이 라이브러리를 사용하려면 Depends 매개변수를 사용하고자 하는 함 수의 인수로 설정해야 한다.

```
from fastapi import Depends

@router.get("/user/me")
async get_user_details(user: User = Depends(get_user)):
    return user
```

이 라우트 함수는 get_user라는 함수에 의존한다. 즉, 이 라우트를 사용하려면 get_user 의존 라이브러리가 존재해야 한다.

FastAPI 라이브러리에서 임포트하는 Depends 클래스는 라우트가 실행될 때 인수로 받은 함수를 실행한다. 또한 함수의 반환값을 라우트에 전달한다.

의존 라이브러리가 어떻게 생성되고 사용되는지 살펴봤으니 이벤트 플래너 애플리케이션에 인증 의존 라이브러리를 적용해보자.

7.2 OAuth2와 JWT를 사용한 애플리케이션 보안

이벤트 플래너 애플리케이션을 위한 인증 시스템을 구축해보자. 사용자명과 패스워드를 폼form 데이터로 전달하는 OAuth2 패스워드 처리를 사용할 것이다. 이벤트 플래너 애플리케이션의 사용자명은 계정을 만들 때 사용하는 이메일이다.

폼 데이터가 클라이언트에서 서버로 전송되면 서버는 JWT로 사인된signed 액세스 토큰을 응답으로 반환한다. 일반적으로 인증 정보 확인은 토큰을 생성하기 전 백그라운드에서 진행된다. 인증된 사용자(사용자명과 패스워드 확인이 끝난 사용자)는 bearer라는 JWT 토큰 정보를 서버에 전송해서 허가를 받아야 특정 작업을 처리할 수 있다.

JWT와 사인

JWT는 인코딩된 문자열로, 페이로드, 시그니처, 알고리즘으로 구성된다. JWT는 인코딩된 문자열이 제3자에 의해 해킹되는 것을 방지하기 위해 서버와 클라이언트만 알고 있는 고유한 키unique key로 사인된다.

그림 7-1 인증 흐름

[그림 7-1]은 인증의 처리 흐름을 나타낸다.

이제 필요한 폴더와 파일을 만들고 인증 시스템을 구축해보자.

1 프로젝트 폴더(planner)에 auth 폴더를 만든다.

```
(venv)$ mkdir auth
```

2 auth 폴더에 다음과 같이 신규 파일을 생성한다.

```
(venv)$ cd auth && touch {__init__,jwt_handler,authenticate,hash_password}.py
```

윈도우에서는 탐색기에서 신규 파일을 만들면 된다.

명령을 실행하면 다음과 같이 4개의 파일이 생성된다.

- **jwt_handler.py**: JWT 문자열을 인코딩, 디코딩하는 함수가 포함된다.
- **authenticate.py**: authenticate 의존 라이브러리가 포함되며 인증 및 권한을 위해 라우트에 주입된다.
- **hash_password.py**: 패스워드를 암호화하는 함수가 포함된다. 이 함수는 계정을 등록할 때 또는 로그인 시 패스워드를 비교할 때 사용된다.
- **__init__.py**: 해당 폴더에 있는 파일들이 모듈로 사용된다는 것을 명시한다.

파일을 생성했으니 각 컴포넌트를 구현해볼 것이다. 사용자 패스워드를 해싱[hashing]하는 기능부터 만들어보자.

패스워드 해싱

〈CHAPTER 6 데이터베이스 연결〉에서는 사용자 패스워드를 일반 텍스트로 저장했다. 이 방법은 실제로 API를 구축할 때 지양해야 하는 매우 나쁜 습관이다. 패스워드는 적절한 라이브러리를 사용해서 반드시 암호화(해싱이라고도 한다)해야 한다. 여기서는 bcrypt를 사용해 패스워드를 암호화한다.

먼저 passlib 라이브러리를 설치한다. 이 라이브러리는 패스워드를 해싱하는 bcrypt 알고리즘을 제공한다.

```
(venv)$ pip install passlib[bcrypt]
```

그런 다음 hash_password.py 파일에 패스워드를 해싱하는 함수를 작성한다.

```python
from passlib.context import CryptContext

pwd_context = CryptContext(schemes=["bcrypt"], deprecated="auto")


class HashPassword:
    def create_hash(self, password: str):
        return pwd_context.hash(password)

    def verify_hash(self, plain_password: str, hashed_password: str):
        return pwd_context.verify(plain_password, hashed_password)
```

bcrypt를 사용해 문자열을 해싱할 수 있도록 CryptContext를 임포트한다. 콘텍스트는 pwd_context 변수에 저장되며 이 변수를 사용해 해싱에 필요한 함수들을 호출한다.

이제 HashPassword 클래스를 정의하고 그 안에 create_hash()와 verify_hash()라는 두 개의 메서드를 작성해보자.

- **create_hash()**: 문자열을 해싱한 값을 반환한다.
- **verify_hash()**: 일반 텍스트 패스워드와 해싱한 패스워드를 인수로 받아 두 값이 일치하는지 비교한다. 일치 여부에 따라 불린[boolean] 값을 반환한다.

이번에는 패스워드를 해싱해서 데이터베이스에 저장하도록 routes/users.py의 사용자 등록 라우트를 수정해보자.

```python
from auth.hash_password import HashPassword
from database.connection import Database

user_database = Database(User)
hash_password = HashPassword()


@user_router.post("/signup")
async def sign_user_up(user: User) -> dict:
    user_exist = await User.find_one(User.email == user.email)

    if user_exist:
        raise HTTPException(
            status_code=status.HTTP_409_CONFLICT,
            detail="User with email provided exists already"
        )
    hashed_password = hash_password.create_hash(user.password)
    user.password = hashed_password
    await user_database.save(user)
    return {
        "message": "User created successfully."
    }
```

이렇게 하면 사용자 등록 라우트가 사용자를 등록할 때 패스워드를 해싱한 후 저장한다.

실제 사용자를 등록해보자. 터미널(또는 명령 프롬프트) 창에서 다음 명령을 사용해 애플리케이션을 실행한다.

```
(venv)$ python main.py
INFO:     Uvicorn running on http://127.0.0.1:8000 (Press Ctrl+C to quit)
INFO:     Started reloader process [8144] using statreload
INFO:     Started server process [8147]
INFO:     Waiting for application startup.
INFO:     Application startup complete.
```

새로운 터미널 창을 열어서 몽고DB 인스턴스를 실행한다.[40]

---

40 옮긴이_ 만약 --dbpath가 실행되지 않는다면 다른 버전의 몽고DB를 설치해보자.

```
$ mongod --dbpath store
```

또 다른 터미널 창을 열어 계정 생성 요청을 보내보자.

```
$ curl -X 'POST' \
  'http://127.0.0.1:8000/user/signup' \
  -H 'accept: application/json' \
  -H 'Content-Type: application/json' \
  -d '{
  "email": "reader@packt.com",
  "password": "exemplary",
  "events": []
}'
```

윈도우에서는 다음과 같이 실행한다.

```
curl -X POST "http://127.0.0.1:8000/user/signup" -H "accept: application/
json" -H "Content-Type: application/json" -d "{\"email\": \" reader@packt.com
\",\"password\": \"exemplary\", \"events\":[]}"
```

정상적으로 요청이 처리되면 다음과 같은 응답이 표시된다.

```
{
    "message": "User created successfully."
}
```

계정을 생성했으니 데이터베이스에 저장된 패스워드가 제대로 해싱(암호화)됐는지 확인해보자. 인터랙티브 몽고DB 세션을 열고 데이터베이스 내에서 명령을 실행하면 된다. 새로운 터미널 창을 열어서 다음 명령을 실행한다.

```
$ mongo --port 27017
```

그럼 [그림 7-2]와 같이 인터랙티브 몽고DB 세션이 실행된다.

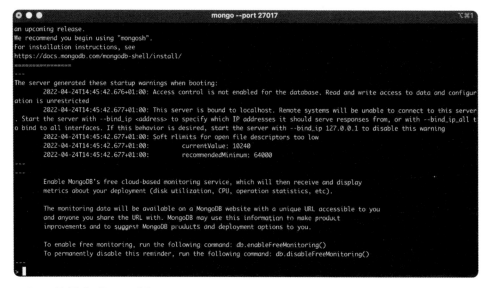

그림 7-2 인터랙티브 몽고DB 세션

인터랙티브 세션에서 다음 명령을 연속적으로 실행해서 데이터베이스에 저장된 모든 사용자를 추출해보자.

```
> use planner
> db.users.find({})
```

추출 결과는 [그림 7-3]과 같다. 모든 사용자 정보가 반환되었으며 사용자 패스워드에는 해싱된 값이 저장되어 있다.

```
000                                mongo --port 27017                                ⌥⌘1
> use planner
switched to db planner
> db.users.find({})
{ "_id" : ObjectId("62655d4b52b6386b8b11b5fb"), "email" : "reader@packt.com", "password" : "$2b$12$Jcc5VXty397UDGeg3bdq0encodqNvi
f8npVjO6P1IU1NfIjONGP/m", "events" : [ ] }
>
```

그림 7-3 쿼리를 사용해 모든 사용자 정보를 추출한 결과

지금까지 패스워드를 안전하게 저장하는 컴포넌트를 성공적으로 구현했다. 이어서 JWT를 생성하고 검증하는 컴포넌트를 만들어보자.

액세스 토큰 생성과 검증

JWT를 구현하면 애플리케이션의 보안을 한 단계 더 강화할 수 있다. [그림 7-4]와 같이 토큰의 페이로드는 사용자 ID와 만료 시간으로 구성되며 하나의 긴 문자열로 인코딩된다.

```
{
  "access_token": "eyJhbGciOiJIUzI1NiIsInR5cCI6IkpXVCJ9.eyJpc3MiOi..."
}
```

사용자 ID	62655d4b52b6386b8b11b5fb
만료 시간	datetime.datetime(2022, 4, 24, 15, 39, 16, 630218)

그림 7-4 JWT 구조

JWT는 서버와 클라이언트만 아는 비밀키^{secret key}를 사용해 사인된다. database/connection.py 파일의 Settings 클래스와 환경 파일인 .env에 비밀키를 저장할 SECRET_KEY 변수를 설정해보자.

database/connection.py에 다음과 같이 SECRET_KEY 변수를 추가한다.

```
class Settings(BaseSettings):
    SECRET_KEY: Optional[str] = None
```

.env 파일에 다음과 같이 SECRET_KEY 변수를 추가한다.

```
SECRET_KEY=HI5HL3V3L$3CR3T
```

이번에는 jwt_handler.py 파일을 변경해보자.

```
import time
from datetime import datetime

from fastapi import HTTPException, status
from jose import jwt, JWTError
from database.connection import Settings
```

이 코드는 time 모듈, HTTPException 클래스 등을 FastAPI에서 불러온다. 또한 JWT를 인코딩, 디코딩하는 jose 라이브러리와 Settings 클래스도 불러온다. jose 라이브러리가 설치되어 있지 않다면 다음 명령을 사용해 설치하자.

```
pip install python-jose[cryptography] python-multipart
```

SECRET_KEY 변수를 추출할 수 있도록 Settings 클래스의 인스턴스를 만들고 토큰 생성용 함수를 정의한다.

```
settings = Settings()

def create_access_token(user: str):
    payload = {
        "user": user,
        "expires": time.time() + 3600
    }

    token = jwt.encode(payload, settings.SECRET_KEY, algorithm="HS256")
    return token
```

토큰 생성 함수는 문자열 하나를 받아서 payload 딕셔너리에 전달한다. payload 딕셔너리는 사용자명과 만료 시간을 포함하며 JWT가 디코딩될 때 반환된다. expires값(만료 시간)은 생성 시점에서 한 시간 후로 설정됐다.

encode() 메서드는 다음과 같이 세 개의 인수를 받으며 payload를 암호화한다.

- **페이로드**: 값이 저장된 딕셔너리로, 인코딩할 대상이다.
- **키**: 페이로드를 사인하기 위한 키다.
- **알고리즘**: 페이로드를 사인 및 암호화하는 알고리즘으로, 기본값인 HS256 알고리즘이 가장 많이 사용된다.

애플리케이션에 전달된 토큰을 검증하는 함수를 jwt_handler.py에 추가해보자.

```
def verify_access_token(token: str):
    try:
        data = jwt.decode(token, settings.SECRET_KEY, algorithms=["HS256"])
```

```
        expire = data.get("expires")

        if expire is None:
            raise HTTPException(
                status_code=status.HTTP_400_BAD_REQUEST,
                detail="No access token supplied"
            )
        if datetime.utcnow() > datetime.utcfromtimestamp(expire):
            raise HTTPException(
                status_code=status.HTTP_403_FORBIDDEN,
                detail="Token expired!"
            )
        return data

    except JWTError:
        raise HTTPException(
            status_code=status.HTTP_400_BAD_REQUEST,
            detail="Invalid token"
        )
```

함수가 토큰을 문자열로 받아 try 블록 내에서 여러 가지 확인 작업을 거친다. 가장 먼저 확인하는 것은 토큰의 만료 시간이 존재하는지 여부다. 만료 시간이 없으면 유효한 토큰이 존재하지 않는다고 판단한다. 두 번째로 확인하는 것은 토큰이 유효한지(만료 시간이 지나지 않았는지) 여부다. 토큰이 유효하다면 디코딩된 페이로드를 반환한다. 마지막으로 except 블록에서는 JWT 요청 자체에 오류가 있는지 확인한다.

지금까지 애플리케이션으로 전달된 토큰을 검증하는 함수를 만들었다. 이어서 사용자 인증을 검증하고 의존 라이브러리로 사용할 함수를 만들어보자.

사용자 인증

JWT 생성 및 디코딩하는 컴포넌트와 패스워드를 해싱 및 비교하는 컴포넌트를 모두 구현했다. 이번에는 의존 함수를 구현해서 이벤트 라우트에 주입해보자. 이 함수는 활성 세션에 존재하는 사용자 정보를 추출하는 단일 창구 역할을 한다.

auth/authenticate.py에 다음과 같이 코드를 작성하자.

```
from fastapi import Depends, HTTPException, status
from fastapi.security import OAuth2PasswordBearer
from auth.jwt_handler import verify_access_token

oauth2_scheme = OAuth2PasswordBearer(tokenUrl="/user/signin")

async def authenticate(token: str = Depends(oauth2_scheme)) -> str:
    if not token:
        raise HTTPException(
            status_code=status.HTTP_403_FORBIDDEN,
            detail="Sign in for access"
        )

    decoded_token = verify_access_token(token)
    return decoded_token["user"]
```

이 코드는 다음과 같은 의존 라이브러리를 임포트한다.

- **Depends**: oauth2_scheme을 의존 라이브러리 함수에 주입한다.

- **OAuth2PasswordBearer**: 보안 로직이 존재한다는 것을 애플리케이션에 알려준다.

- **verify_access_token**: 앞서 정의한 토큰 생성 및 검증 함수로, 토큰의 유효성을 확인한다.

그런 다음 OAuth2를 위한 토큰 URL과 authenticate() 함수를 정의한다. authenticate() 함수는 토큰을 인수로 받는다. 토큰이 유효하면 토큰을 디코딩한 후 페이로드의 사용자 필드를 반환하고 유효하지 않으면 verify_access_token() 함수에 정의된 오류 메시지를 반환한다.

라우트에 보안 적용을 위한 의존 라이브러리를 만들었다. 다음으로 라우트를 수정해서 인증 처리를 적용하고 authenticate() 함수를 이벤트 라우트에 주입해보자.

7.3 애플리케이션 변경

이번에는 라우트를 수정해서 새롭게 작성한 인증 모델을 적용해보자. 또한 이벤트 추가용 POST 라우트를 변경해서 사용자 레코드에 이벤트 필드를 추가해보자.

로그인 라우트 변경

routes/users.py에 다음과 같이 import문을 추가한다.

```
from fastapi import APIRouter, Depends, HTTPException, status
from fastapi.security import OAuth2PasswordRequestForm
from auth.jwt_handler import create_access_token

from models.users import User
```

이 코드는 FastAPI의 security 모듈에서 OAuth2PasswordRequestForm 클래스를 임포트한다. 이 클래스는 인증 정보(사용자명과 패스워드)를 추출하기 위해 로그인 라우트에 주입될 것이다. sign_user_in() 라우트 함수를 다음과 같이 변경하자.

```
async def sign_user_in(user: OAuth2PasswordRequestForm = Depends()) -> dict:
    user_exist = await User.find_one(User.email == user.username)
    ...
    if hash_password.verify_hash(user.password, user_exist.password):
        access_token = create_access_token(user_exist.email)
        return {
            "access_token": access_token,
            "token_type": "Bearer"
        }
    raise HTTPException(
        status_code=status.HTTP_401_UNAUTHORIZED,
        detail="Invalid details passed"
    )
```

앞서 언급했듯이 OAuth2PasswordRequestForm 클래스를 sign_user_in() 라우트 함수에 주입하여 해당 함수가 OAuth2 사양을 엄격하게 따르도록 한다. 함수 내에서는 패스워드, 반환된 접속 토큰, 토큰 유형을 검증한다. 이 라우트를 테스트하기 전에 models/users.py의 로그인용 응답 모델을 수정해서 UserSignIn 모델을 다음 토큰 모델로 교체하자(UserSignIn은 더 이상 사용되지 않는다).

```
class TokenResponse(BaseModel):
    access_token: str
    token_type: str
```

로그인 라우트(routes/users.py)의 임포트와 응답 모델을 다음과 같이 변경한다.

```
from models.users import User, TokenResponse

@user_router.post("/signin", response_model=TokenResponse)
```

인터랙티브 문서(*http://127.0.0.1:8000/docs*)를 열어서 요청 바디가 OAuth2 사양을 따르는지 확인해보자.

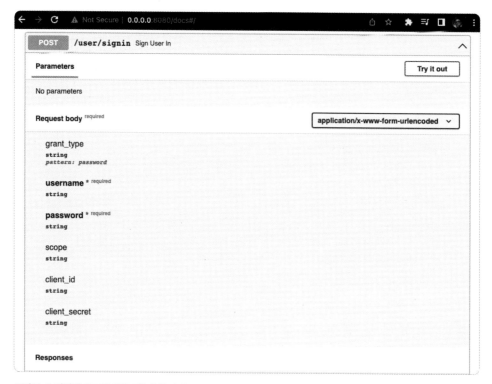

그림 7-5 변경된 로그인 라우트의 요청 바디

라우트가 제대로 실행되는지 확인하기 위해 로그인해보자.[41]

---

41 옮긴이_데이터베이스가 초기화되었다면 계정을 다시 등록해야 할 수 있다. Invalid detail 오류가 나면 *reader@packt.com* 계정을 로그인 라우트를 사용해 다시 등록하자.

```
$ curl -X 'POST' \
  'http://127.0.0.1:8000/user/signin' \
  -H 'accept: application/json' \
  -H 'Content-Type: application/x-www-form-urlencoded' \
  -d 'grant_type=&username=reader%40packt.com&password=exemplary&scope=&client_
id=&client_secret='
```

원도우에서는 다음과 같이 실행한다.

```
curl -X POST http://127.0.0.1:8000/user/signin -H "accept: application/
json" -H "content-Type: application/x-www-form-urlencoded" -d "grant_
type=&username=reader%40packt.com&password=exemplary&scope=&client_id=&client_
secret="
```

명령을 실행하면 다음과 같이 접속 토큰과 토큰 유형이 반환된다.

```
{
   "access_token": "eyJhbGciOiJIUzI1NiIsInR5cCI6IkpXVCJ9.eyJ1c2VyIjoicmVhZGVyQHBhY2
t0LmNvbSIsImV4cGlyZXMiOjE2NTA4Mjc0MjcuMDg2NDAxfQ.LY4i5EjIzlsKdfMyWKi7XH7lLeDuVt383
2hNfkQx8C8",
   "token_type": "Bearer"
}
```

라우트가 제대로 실행되는 것을 확인했다. 이제 이벤트 라우트를 변경해서 인증된 사용자만 이벤트를 생성, 변경, 삭제할 수 있도록 해보자.

이벤트 라우트 변경

인증 처리가 준비됐으니 POST, PUT, DELETE 라우트 함수에 의존성 주입을 적용해보자. routes/events.py를 다음과 같이 수정한다.

```
from auth.authenticate import authenticate

async def create_event(body: Event, user: str = Depends(authenticate)) -> dict:
    ...
```

```
@event_router.put("/{id}", response_model=Event)
async def update_event(id: PydanticObjectId, body: EventUpdate, user: str =
Depends(authenticate)) -> Event:
...


async def delete_event(id: PydanticObjectId, user: str = Depends(authenticate)) ->
dict:
...
```

의존성이 주입되면 인터랙티브 문서에도 변경 내용이 자동으로 반영된다. [그림 7-6]과 같이
*https://127.0.0.1:8000/docs*를 열면 오른쪽 상단에서 [Authorize] 버튼을 볼 수 있으며 이벤트
라우트에 자물쇠 표시가 추가된다.

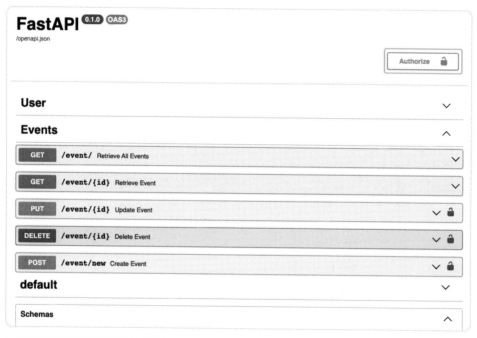

그림 7-6 변경된 인터랙티브 문서 페이지

[Authorize] 버튼을 클릭하면 로그인 창이 뜬다. ID와 패스워드를 입력하면 [그림 7-7]과 같
은 화면이 표시된다.

그림 7-7 인증이 완료된 사용자

로그인되었으므로 [그림 7-8]과 같이 이벤트를 생성할 수 있다.

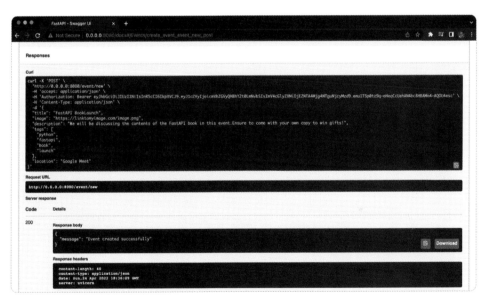

그림 7-8 신규 이벤트 생성

명령줄에서도 로그인하여 신규 이벤트를 생성할 수 있다. 먼저 접속 토큰을 생성한다.

```
$ curl -X 'POST' \
  'http://127.0.0.1:8000/user/signin' \
  -H 'accept: application/json' \
  -H 'Content-Type: application/x-www-form-urlencoded' \
  -d 'grant_type=&username=reader%40packt.com&password=exemplary&scope=&client_
id=&client_secret='
```

윈도우 명령은 〈7.2 OAuth2와 JWT를 사용한 애플리케이션 보안〉을 참고하자.

명령을 실행하면 JWT 문자열로 작성된 접속 토큰과 Bearer 토큰 유형이 반환된다.

```
{
  "access_token": "eyJhbGciOiJIUzI1NiIsInR5cCI6IkpXVCJ9.eyJ1c2VyIjoicmVhZGVyQHB
hY2t0LmNvbSIsImV4cGlyZXMiOjE2NTA4MjkxODMuNTg3NjAyfQ.MOXjI5GXnyzGNftdlxDGyM119_
L11uPq8yCxBHepf04",
  "token_type": "Bearer"
}
```

이번에는 명령줄에서 새로운 이벤트를 만들어보자.[42]

```
$ curl -X 'POST' \
  'http://127.0.0.1:8000/event/new' \
  -H 'accept: application/json' \
  -H 'Authorization: Bearer eyJhbGciOiJIUzI1NiIsInR5cCI6IkpXVCJ9.eyJ1c
2VyIjoicmVhZGVyQHBhY2t0LmNvbSIsImV4cGlyZXMiOjE2NTA4MjkxODMuNTg3NjAyfQ.
MOXjI5GXnyzGNftdlxDGyM119_L11uPq8yCxBHepf04' \
  -H 'Content-Type: application/json' \
  -d '{
  "title": "FastAPI Book Launch CLI",
  "image": "https://linktomyimage.com/image.png",
  "description": "We will be discussing the contents of the FastAPI book in this
event.Ensure to come with your own copy to win gifts!",
  "tags": ["python","fastapi","book","launch"],
  "location": "Google Meet"
}'
```

윈도우에서는 다음과 같이 실행한다.

---

42 옮긴이_Bearer 뒤의 토큰은 앞서 로그인 시 생성된 토큰으로 변경해야 한다.

```
curl -X POST http://127.0.0.1:8000/event/new -H "accept: application/json" -H
"Content-Type: application/json"  -H "Authorization: Bearer eyJhbGciOiJIUzI1NiIsI
nR5cCI6IkpXVCJ9.eyJ1c2VyIjoicmVhZGVyQHBhY2t0LmNvbSIsImV4cGlyZXMiOjE2NzI3MzUxODEuO
DU3ODDkzNX0.WHplNITDaRH5HRfDXIslD5mSGbQaFtZWWNX6MGaBYoY" -d "{\"title\": \"FastAPI
Book Launch\",\"image\": \"https://linktomyimage.com/image.png\",\"description\":
\"We will be discussing the contents of the FastAPI book in this event.Ensure to
come with your own copy to win gifts!\",\"tags\": [\"python\", \"fastapi\",\"book\
",\"launch\"],\"location\": \"Google Meet\"}"
```

요청에 Authorization: Bearer 헤더가 포함되어 있다. 이 헤더를 통해 해당 요청이 허가된 처리임을 애플리케이션이 알 수 있다. 실행 결과는 다음과 같다.

```
{
    "message": "Event created successfully."
}
```

인증 헤더와 유효한 토큰 없이 이벤트를 생성하려고 하면 HTTP 401 Unauthorized 오류가 반환된다.

```
$ curl -X 'POST' \
  'http://127.0.0.1:8000/event/new' \
  -H 'accept: application/json' \
  -H 'Content-Type: application/json' \
  -d '{
  "title": "FastAPI Book Launch CLI",
  "image": "https://linktomyimage.com/image.png",
  "description": "We will be discussing the contents of the FastAPI book in this
event.Ensure to come with your own copy to win gifts!",
  "tags": ["python","fastapi","book","launch"],
  "location": "Google Meet"
}'
```

반환되는 메시지는 다음과 같다.

```
{
    "detail": "Not authenticated"
}
```

라우트에 보안을 적용했으니 각 라우트에 다음과 같은 처리를 적용해보자.

- **POST 라우트**: 생성된 이벤트를 사용자가 소유한 이벤트 목록에 추가한다.
- **UPDATE 라우트**: 사용자가 만든 이벤트만 변경할 수 있게 한다.
- **DELETE 라우트**: 사용자가 만든 이벤트만 삭제할 수 있게 한다.

라우트에 인증 의존성을 성공적으로 주입했다. 다음으로 다른 사용자가 이벤트를 삭제하거나 변경할 수 없도록 이벤트 문서 클래스와 라우트를 변경해보자.

이벤트 문서 클래스와 라우트 변경

다음과 같이 creator 필드를 models/events.py 파일의 Event 문서 클래스에 추가하자.

```
class Event(Document):
    creator: Optional[str]
```

creator 필드는 해당 이벤트를 소유한 사용자만 처리를 할 수 있게 한다.

다음과 같이 routes/events.py의 POST 라우트를 변경해서 새로운 이벤트가 생성될 때 creator 필드가 함께 저장되도록 해보자.

```
@event_router.post("/new")
async def create_event(body: Event, user: str = Depends(authenticate)) -> dict:
    body.creator = user
    await event_database.save(body)
    return {
        "message": "Event created successfully."
    }
```

POST 라우트를 변경해서 현재 사용자의 이메일을 이벤트 생성자(creator)로 추가했다. 따라서 다음 명령을 사용해 신규 이벤트를 만들면 해당 이벤트에 생성자의 이메일이 함께 저장된다.

```
$ curl -X 'POST' \
  'http://127.0.0.1:8000/event/new' \
  -H 'accept: application/json' \
```

```
    -H 'Authorization: Bearer eyJhbGciOiJIUzI1NiIsInR5cCI6IkpXVCJ9.eyJ1c
2VyIjoicmVhZGVyQHBhY2t0LmNvbSIsImV4cGlyZXMiOjE2NTA4MjkxODMuNTg3NjAyfQ.
MOXjI5GXnyzGNftdlxDGyM119_L11uPq8yCxBHepf04' \
    -H 'Content-Type: application/json' \
    -d '{
    "title": "FastAPI Book Launch CLI",
    "image": "https://linktomyimage.com/image.png",
    "description": "We will be discussing the contents of the FastAPI book in this
event.Ensure to come with your own copy to win gifts!",
    "tags": ["python","fastapi","book","launch"],
    "location": "Google Meet"
}'
```

결과로 반환되는 메시지는 다음과 같다.

```
{
    "message": "Event created successfully."
}
```

이번에는 데이터베이스에 저장된 모든 이벤트를 추출해보자.

```
$ curl -X 'GET' \
  'http://127.0.0.1:8000/event/' \
  -H 'accept: application/json'
```

추출된 이벤트에는 다음과 같이 creator가 포함된다.

```
[
  {
    "_id": "63b3db23e9a6eb28f5e15fb4",
    "creator": "reader@packt.com",
    "title": "FastAPI BookLaunch",
    "image": "https://linktomyimage.com/image.png",
    "description": "We will be discussing the contents of the FastAPI book in this
event.Ensure to come with your own copy to win gifts!",
    "tags": ["python","fastapi","book","launch"],
    "location": "Google Meet"
  },
]
```

이제 UPDATE 라우트(routes/events.py)를 변경해보자.

```python
@event_router.put("/{id}", response_model=Event)
async def update_event(id: PydanticObjectId, body: EventUpdate, user: str =
Depends(authenticate)) -> Event:
    event = await event_database.get(id)
    if event.creator != user:
        raise HTTPException(
            status_code=status.HTTP_400_BAD_REQUEST,
            detail="Operation not allowed"
        )
```

이 코드는 현재 사용자가 해당 이벤트를 수정할 권한이 있는지 먼저 확인한다. 권한이 없다면 (사용자가 해당 이벤트를 소유하고 있지 않다면) HTTP_400_BAD_REQUEST 예외를 발생시킨다.

다음 예제에서는 다른 사용자를 사용해 이벤트를 변경한다.[43]

```bash
$ curl -X 'PUT' \
 'http://127.0.0.1:8000/event/6265a83fc823a3c912830074' \
 -H 'accept: application/json' \
 -H 'Authorization: Bearer eyJhbGciOiJIUzI1NiIsInR5cCI6IkpXVCJ9.eyJ1c2VyIjoiZmFzd
GFwaUBwYWNrdC5jb20iLCJleHBpcmVzIjoxNjUwODMzOTc2LjI2NzgzMX0.MMRT6pwEDBVHTU5C1a6MV8j
9wCfWhqbza9NBpZz08xE' \
 -H 'Content-Type: application/json' \
 -d '{
 "title": "FastAPI Book Launch"
}'
```

실행 결과는 다음과 같다.

```json
{
    "detail": "Operation not allowed"
}
```

마지막으로 DELETE 라우트를 변경해보자.

---

43 옮긴이_실제로 따라해보려면 신규 계정을 생성하여 로그인하고, 토큰 및 todo id는 실습 환경에 맞게 변경해야 한다.

```
@event_router.delete("/{id}")
async def delete_event(id: PydanticObjectId, user: str = Depends(authenticate)) ->
dict:
    ...
    event = await event_database.get(id)
    if event.creator != user:
        raise HTTPException(
            status_code=status.HTTP_404_NOT_FOUND,
            detail="Operation not allowed"
        )
    ...
```

먼저 현재 사용자가 생성한 이벤트인지 확인하고 아니면 예외를 발생시킨다.

다음 예제에서는 다른 사용자 계정을 사용해 이벤트를 삭제한다.

```
$ curl -X 'DELETE' \
  'http://127.0.0.1:8000/event/6265a83fc823a3c912830074' \
  -H 'accept: application/json' \
  -H 'Authorization: Bearer eyJhbGciOiJIUzI1NiIsInR5cCI6IkpXVCJ9.eyJ1c2VyIjoiZmFzd
GFwaUBwYWNrdC5jb20iLCJleHBpcmVzIjoxNjUwODMzOTc2LjI2NzgzMX0.MMRT6pwEDBVHTU5C1a6MV8j
9wCfWhqbza9NBpZz08xE'
```

명령을 실행하면 다음과 같이 해당 이벤트의 소유자가 아니라는 응답이 반환된다.

```
{
    "detail": "Operation not allowed"
}
```

해당 이벤트를 소유한 사용자라면 이벤트를 삭제할 수 있다.

```
$ curl -X 'DELETE' \
  'http://127.0.0.1:8000/event/6265a83fc823a3c912830074' \
  -H 'accept: application/json' \
  -H 'Authorization: Bearer eyJhbGciOiJIUzI1NiIsInR5cCI6IkpXVCJ9.eyJ1c2VyIjoi
cmVhZGVyQHBhY2t0LmNvbSIsImV4cGlyZXMiOjE2NTA4MzQzOTUuMDkzMDI3fQ.IKYHWQ2YO3rQc-
KR8kyfoy_54MsEVE75WbRqoVbdoW0'
```

명령을 실행하면 다음과 같이 이벤트를 삭제했다는 메시지를 볼 수 있다.

```
{
    "message": "Event deleted successfully."
}
```

지금까지 애플리케이션과 라우트에 보안을 적용했다. 마지막으로 CORS를 설정해보자.

7.4 CORS 설정

교차 출처 리소스 공유(CORS)는 등록되지 않은 사용자가 리소스를 사용하지 못하도록 제한하는 규칙이다. 특정 프런트엔드 애플리케이션이 우리가 만든 웹 API를 호출하면 브라우저가 호출의 출처를 확인해서 제한한다. 즉, API와 출처(도메인)가 동일한 경우 또는 API가 허가한 출처만 리소스에 접근할 수 있다.

FastAPI에서는 `CORSMiddleware`라는 CORS 미들웨어를 통해 API에 접근 가능한 출처를 관리한다. 이 미들웨어는 서버의 리소스에 접근할 수 있는 출처 목록을 배열로 관리한다.

미들웨어

미들웨어는 하나의 함수로, 특정 처리 사이의 중개자 역할을 한다. 웹 API에서 미들웨어는 요청과 응답 간 중개자다.

예를 들어 팩트 출판사 웹 사이트만 API에 접근할 수 있게 하려면 `origins` 배열(출처 목록)에 해당 URL을 추가하면 된다.

```
origins = [
    "http://packtpub.com",
    "https://packtpub.com"
]
```

모든 클라이언트의 요청을 허가하려면 `origins` 배열에 별표(`*`) 하나만 정의하면 된다. 별표는 와일드카드로, API에게 모든 요청을 허가하도록 지시한다.

main.py를 다음과 같이 변경해서 모든 요청을 허가하도록 만들자.

```python
from fastapi.middleware.cors import CORSMiddleware

# 출처 등록

origins = ["*"]

app.add_middleware(
    CORSMiddleware,
    allow_origins=origins,
    allow_credentials=True,
    allow_methods=["*"],
    allow_headers=["*"],
)
```

이 코드는 CORSMiddleware 클래스를 FastAPI에서 임포트한 다음 origins 배열을 등록하고 add_middleware() 메서드를 사용해 미들웨어를 등록한다.

FastAPI 문서[44]에서 CORS에 관한 자세한 내용을 확인할 수 있다.

이것으로 우리는 인터넷상의 모든 요청을 처리하도록 애플리케이션을 설정하는 데 성공했다.

정리하기

CHAPTER 7에서는 OAuth2와 JWT를 사용해 FastAPI 애플리케이션의 보안을 강화하는 방법을 배웠다. 또한 의존성 주입이 무엇인지, FastAPI 애플리케이션에서 이를 어떻게 사용하는지 학습하고 인증되지 않은 사용자로부터 보호하는 방법도 살펴봤다. 마지막으로 모든 클라이언트가 API에 접근할 수 있도록 CORS 미들웨어를 추가했다.

CHAPTER 8에서는 FastAPI 애플리케이션을 테스트하는 방법을 소개한다. 애플리케이션 테스트가 무엇인지, 왜 필요한지, 어떻게 테스트하는지 학습한다.

---

44 https://fastapi.tiangolo.com/tutorial/cors/

PART 3

FastAPI 애플리케이션 테스트 및 배포하기

테스트 작성 및 실행 방법을 살펴본다. 또한 PART 2에서 배운 내용을 바탕으로 FastAPI 애플리케이션을 배포해본다.

PART 3에서 다루는 주제는 다음과 같다.

테스트

〈CHAPTER 7 보안〉에서 OAuth2와 JWT를 사용해 FastAPI 애플리케이션의 보안을 강화하는 방법을 배웠다. 인증 시스템을 성공적으로 구현했을 뿐만 아니라 의존성 주입에 관해 학습하고 이를 라우트에 적용해서 인증되지 않은 접근과 처리를 제한하는 방법을 살펴봤다. 그 결과 데이터베이스와 연동해서 CRUD 처리를 쉽게 할 수 있으면서 안전하기도 한 웹 API를 구축할 수 있었다.

테스트는 애플리케이션 개발 주기에서 빼놓을 수 없는 부분이다. 애플리케이션 테스트는 애플리케이션이 정상적으로 실행되도록 보장하고 프로덕션에 배포하기 전에 이상 징후를 감지할 수 있게 해준다. 지금까지는 수동으로 애플리케이션의 라우트를 테스트했지만 이후에는 테스트를 자동화할 것이다.

CHAPTER 8에서 다루는 내용은 다음과 같다.

- pytest를 사용한 단위 테스트unit test
- 테스트 환경 구축
- REST API 라우트 테스트 작성
- 테스트 커버리지

학습을 마치면 FastAPI 애플리케이션 라우트 테스트를 작성할 수 있다. 또한 애플리케이션 라우트를 단위 테스트하는 방법을 알 수 있다.

8.1 pytest를 사용한 단위 테스트

단위 테스트는 애플리케이션의 개별 컴포넌트를 테스트하는 절차로, 개별 컴포넌트의 기능을 검증하기 위해 수행된다. 예를 들어 애플리케이션의 개별 라우트가 적절한 응답을 반환하는지 테스트하기 위해 단위 테스트를 도입할 수 있다.

여기서는 파이썬 테스트 라이브러리인 pytest를 사용해 단위 테스트를 수행한다. 파이썬은 unittest라는 내장 테스트 라이브러리를 제공하지만 pytest가 더 간단한 구문을 사용할 수 있어서 인기가 많다. pytest를 사용해 테스트 코드를 작성해보자.

우선 다음 명령을 사용해 pytest 라이브러리를 설치한다.

```
(venv)$ pip install pytest
```

애플리케이션 테스트 파일을 한 곳에서 관리하기 위해 tests라는 폴더를 만들고 파일을 생성한다.

```
(venv)$ mkdir tests && cd tests
(venv)$ touch __init__.py
```

폴더 생성 방법은 윈도우에서도 동일하며 파일 생성은 다음 명령을 사용하면 된다.

```
c:\fastapi\planner\tests\rem. > __init__.py
```

테스트 파일을 만들 때는 파일명 앞에 'test_'를 붙여야 한다. 그러면 해당 파일이 테스트 파일이라는 것을 pytest 라이브러리가 인식해서 실행한다. tests 폴더 아래에 신규 테스트 파일을 하나 만들어보자. 이 테스트 파일은 사칙연산이 맞는지 확인한다.

```
(venv)$ touch test_arithmetic_operations.py
```

윈도우에서는 다음과 같이 실행한다.

```
c:\fastapi\planner\tests\rem. > test_arithmetic_operations.py
```

사칙연산을 하는 함수를 정의한다. 방금 생성한 테스트 파일에 다음 코드를 추가하자.

```
def add(a: int , b: int) -> int:
    return a + b

def subtract(a: int, b: int) -> int:
    return b - a

def multiply(a: int, b: int) -> int:
    return a * b

def divide(a: int, b: int) -> int:
    return b // a
```

테스트 대상 함수를 만들었다. 이제 이 함수들을 테스트할 함수를 만들어야 한다. 테스트 함수는 계산 결과가 맞는지 검증하는 역할을 한다. assert 키워드는 식의 왼쪽에 있는 값이 오른쪽에 있는 처리 결과와 일치하는지 검증할 때 사용된다. 이 경우에는 사칙연산의 결과가 실제 계산 결과와 일치하는지 확인한다.

다음 테스트 함수를 테스트 파일에 추가하자.

```
def test_add() -> None:
    assert add(1, 1) == 2

def test_subtract() -> None:
    assert subtract(2, 5) == 3

def test_multiply() -> None:
    assert multiply(10, 10) == 100

def test_divide() -> None:
    assert divide(25, 100) == 4
```

일반적으로 테스트 파일이 아닌 별도의 파일에 테스트 대상 함수(add(), subtract(), multiply(), divide())를 정의한다. 그런 다음 이 파일을 테스트 파일에 임포트하여 테스트를 수행한다.

테스트 함수가 준비됐으면 테스트를 실행해보자. 테스트는 pytest 명령을 사용해 실행한다. 단, 이 명령은 명령을 실행하는 위치에 있는 모든 테스트 파일을 실행한다. 테스트를 하나만 실행하려면 파일명을 인수로 지정해야 한다. 다음 명령을 사용해 우리가 작성한 테스트 파일만 실행해보자.

```
(venv)$ pytest test_arithmetic_operations.py
```

테스트가 모두 성공하면 통과된 테스트는 터미널 창에 초록색으로 표시된다.

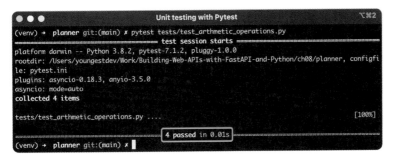

그림 8-1 사칙연산 결과를 확인하는 단위 테스트(이 그림에는 색상이 표현되지 않았지만 상자 안의 텍스트가 초록색으로 표시된다)

테스트가 실패하면 터미널 창에 실패한 위치가 빨간색으로 표시된다. 예를 들어 test_add() 함수를 다음과 같이 변경하면 테스트에 실패한다.

```
def test_add() -> None:
    assert add(1, 1) == 11
```

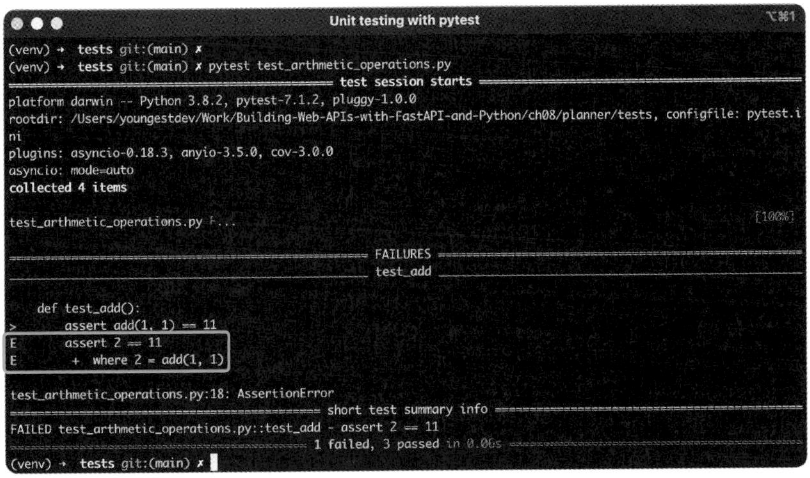

그림 8-2 실패한 테스트(이 그림에는 색상이 표현되지 않았지만 상자 안의 텍스트가 빨간색으로 표시된다)

여기서는 assert문에서 테스트가 실패했다. 결과값이 2가 아니라 11로 되어있기 때문이다. 실패 내용은 AssertionError에 요약되어 표시된다. 이 경우에는 2 == 11이 아니기 때문에 실패했다고 알려준다.

pytest가 어떻게 실행되는지 간단히 살펴봤다. 다음으로 pytest의 픽스처^{fixture}를 알아보자.

픽스처를 사용한 반복 제거

픽스처는 재사용할 수 있는 함수로, 테스트 함수에 필요한 데이터를 반환하기 위해 정의된다. pytest.fixture 데코레이터를 사용해 픽스처를 정의할 수 있으며 API 라우트 테스트 시 애플리케이션 인스턴스를 반환하는 경우 등에 사용된다. 테스트 함수가 사용하는 애플리케이션 클라이언트를 픽스처로 정의할 수 있기 때문에 테스트할 때마다 애플리케이션 인스턴스를 다시 정의하지 않아도 된다. 이 방식은 〈8.3 REST API 라우트 테스트 작성〉에서 자세히 다룬다.

픽스처를 어떻게 정의하는지 살펴보자.

```python
import pytest
from models.events import EventUpdate

# 픽스처 정의
@pytest.fixture
def event() -> EventUdpate:
    return EventUpdate(
        title="FastAPI Book Launch",
        image="https://packt.com/fastapi.png",
        description="We will be discussing the contents of the FastAPI book in
this event.Ensure to come with your own copy to win gifts!",
        tags=["python", "fastapi", "book", "launch"],
        location="Google Meet"
    )

def test_event_name(event: EventUpdate) -> None:
    assert event.title == "FastAPI Book Launch"
```

이 코드는 EventUpdate pydantic 모델의 인스턴스를 반환하는 픽스처를 정의한다. 이 픽스처는 test_event_name() 함수의 인수로 사용되며 이벤트 속성에 접근할 수 있게 해준다.

픽스처 데코레이터는 인수를 선택적으로 받을 수 있다. 예를 들어 scope 인수는 픽스처 함수의 유효 범위를 지정할 때 사용된다. 여기서는 두 가지 scope를 사용한다.

- **session**: 테스트 전체 세션 동안 해당 함수가 유효하다.
- **module**: 테스트 파일이 실행된 후 특정 함수에서만 유효하다.

픽스처를 살펴봤으니 테스트 환경을 구축해보자.

8.2 테스트 환경 구축

앞서 테스트의 기본 개념과 픽스처에 관해 살펴봤다. 이번에는 CRUD 처리용 라우트와 사용자 인증을 테스트해보자. 우리가 만든 비동기 API를 테스트하려면 httpx와 pytest−asyncio 라이브러리를 설치해야 한다.

```
(venv)$ pip install httpx pytest-asyncio
```

설치가 완료됐으면 pytest.ini라는 설정 파일을 만들어야 한다. 파일을 루트 폴더(main.py가 있는 폴더)에 생성한 후 다음과 같이 코드를 추가한다.

```
[pytest]
asyncio_mode = auto
```

pytest가 실행될 때 이 파일의 내용을 불러온다. 이 설정은 pytest가 모든 테스트를 비동기식으로 실행한다는 의미다.

설정 파일이 준비됐으니 tests 폴더 아래에 테스트 시작점이 될 conftest.py 파일을 만든다. conftest.py 파일은 테스트 파일이 필요로 하는 애플리케이션의 인스턴스를 만든다.

```
(venv)$ touch tests/conftest.py
```

conftest.py 파일에 의존 라이브러리를 임포트한다.

```
import asyncio
import httpx
import pytest

from main import app
from database.connection import Settings
from models.events import Event
from models.users import User
```

이 코드는 asyncio, httpx, pytest를 임포트한다. asyncio 모듈은 활성 루프 세션을 만들어서 테스트가 단일 스레드로 실행되도록 한다. httpx 테스트는 HTTP CRUD 처리를 실행하기 위한 비동기 클라이언트 역할을 한다. pytest 라이브러리는 픽스처 정의를 위해 사용된다. 또한 애플리케이션 인스턴스(app), Settings 클래스, 모델도 임포트한다.

다음과 같이 루프 세션 픽스처를 정의해보자.[45]

```
@pytest.fixture(scope="session")
def event_loop():
    loop = asyncio.get_event_loop()
    yield loop
    loop.close()
```

Settings 클래스에서 새로운 데이터베이스 인스턴스를 만든다.

```
async def init_db():
    test_settings = Settings()
    test_settings.DATABASE_URL = "mongodb://localhost:27017/testdb"

    await test_settings.initialize_database()
```

이 코드는 DATABASE_URL과 〈CHAPTER 6 데이터베이스 연결〉에서 정의한 초기화 함수를 호출한다. 그리고 testdb라는 새로운 데이터베이스를 사용한다.

마지막으로 기본 클라이언트 픽스처를 정의한다. 이 픽스처는 httpx를 통해 비동기로 실행되는 애플리케이션 인스턴스를 반환한다.

---

45 옮긴이_최근 버전에서는 경고(warning)가 표시될 수 있으나 무시해도 상관없다. 이전 버전의 작성 방법에 관한 경고 메시지다.

```
@pytest.fixture(scope="session")
async def default_client():
    await init_db()
    async with httpx.AsyncClient(app=app,base_url="http://app") as client:
        yield client
        # 리소스 정리
        await Event.find_all().delete()
        await User.find_all().delete()
```

여기서는 먼저 데이터베이스를 초기화한 후에 애플리케이션을 AsyncClient로 호출한다. AsyncClient는 테스트 세션이 끝날 때까지 유지된다. 테스트 세션이 끝나면 이벤트(Event)와 사용자(User) 컬렉션의 데이터를 모두 삭제하여 테스트를 실행할 때마다 데이터베이스가 비어 있도록 한다.

지금까지 테스트 환경 구축 방법을 살펴봤다. 이어서 애플리케이션의 각 라우트를 테스트하는 코드를 작성해보자.

8.3 REST API 라우트 테스트 작성

이제 모든 것이 준비됐다. test_login.py 파일을 작성해서 인증 로직을 테스트해보자.

```
(venv)$ touch tests/test_login.py
```

먼저 필요한 의존 라이브러리를 임포트한다.

```
import httpx
import pytest
```

사용자 등록 라우트 테스트

첫 번째 테스트 대상은 사용자 등록 라우트다. pytest.mark.asyncio 데코레이터를 추가해서 비동기 테스트라는 것을 명시한다. 다음과 같이 테스트 함수와 요청 페이로드를 정의해보자.

```
@pytest.mark.asyncio
async def test_sign_new_user(default_client: httpx.AsyncClient) -> None:
    payload = {
        "email": "testuser@packt.com",
        "password": "testpassword",
    }
```

요청 헤더와 응답을 정의한다.

```
    headers = {
        "accept": "application/json",
        "Content-Type": "application/json"
    }
    test_response = {
        "message": "User created successfully."
    }
```

요청에 대한 예상 응답을 정의한다.

```
    response = await default_client.post("/user/signup", json=payload,
headers=headers)
```

응답을 비교해서 요청이 성공했는지 확인하는 코드를 작성한다.

```
    assert response.status_code == 200
    assert response.json() == test_response
```

몽고DB 서버가 실행되고 있는 상태에서 별도의 터미널 창을 열어 테스트를 실행한다.

```
(venv)$ pytest tests/test_login.py
```

파이썬 버전에 따라 import문이 인식되지 않아서 실행되지 않을 수 있다. 이 경우에는 명령어
앞에 python -m을 붙여서 실행해보자(이후에 테스트를 실행할 때도 마찬가지다).

```
(venv)$ python -m  pytest tests/test_login.py
```

사용자 등록 라우트 테스트가 성공하면 [그림 8-3]과 같은 화면을 볼 수 있다.

그림 8-3 성공한 사용자 등록 라우트 테스트

다음으로 넘어가기 전에 테스트 응답을 변경해서 테스트가 실패하는지 확인해보는 것도 좋다.

로그인 라우트 테스트

두 번째로 로그인 라우트 테스트를 작성해보자. 첫 번째 테스트와 마찬가지로 먼저 test_login.py에 요청 페이로드와 헤더를 정의한다.

```python
@pytest.mark.asyncio
async def test_sign_user_in(default_client: httpx.AsyncClient) -> None:
    payload = {
        "username": "testuser@packt.com",
        "password": "testpassword"
    }
    headers = {
        "accept": "application/json",
        "Content-Type": "application/x-www-form-urlencoded"
    }
```

요청에 대한 예상 응답을 정의한다.

```
    response = await default_client.post("/user/signin", data=payload,
headers=headers)
```

응답을 비교해서 요청이 성공했는지 확인하는 코드를 작성한다.

```
    assert response.status_code == 200
    assert response.json()["token_type"] == "Bearer"
```

다시 테스트를 실행해보자.

```
(venv)$ pytest tests/test_login.py
```

로그인 라우트 테스트가 성공하면 [그림 8-4]와 같은 화면을 볼 수 있다.

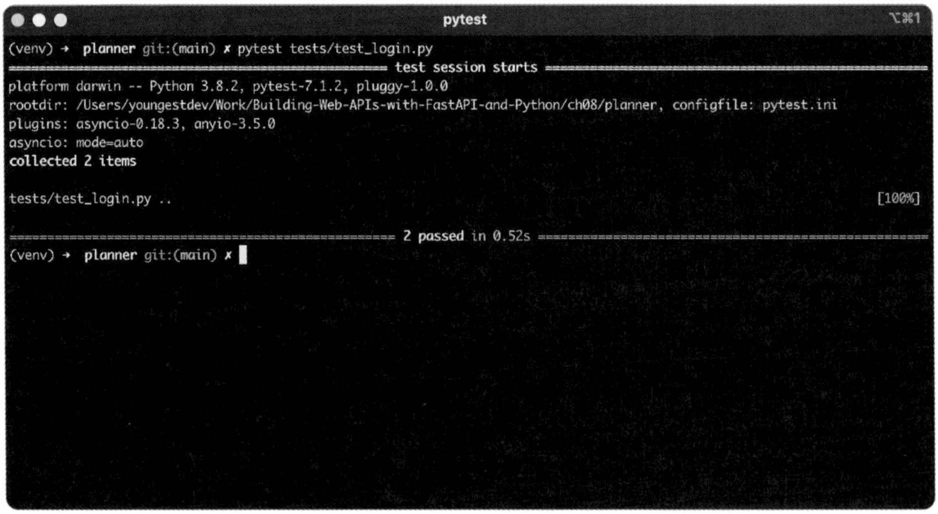

그림 8-4 성공한 로그인 라우트 테스트

로그인할 때 사용하는 사용자명(username)을 다른 것으로 변경해서 테스트가 실패하는지 확인
해보자.

```
payload = {
    "username": "wronguser@packt.com",
    "password": "testpassword"
}
```

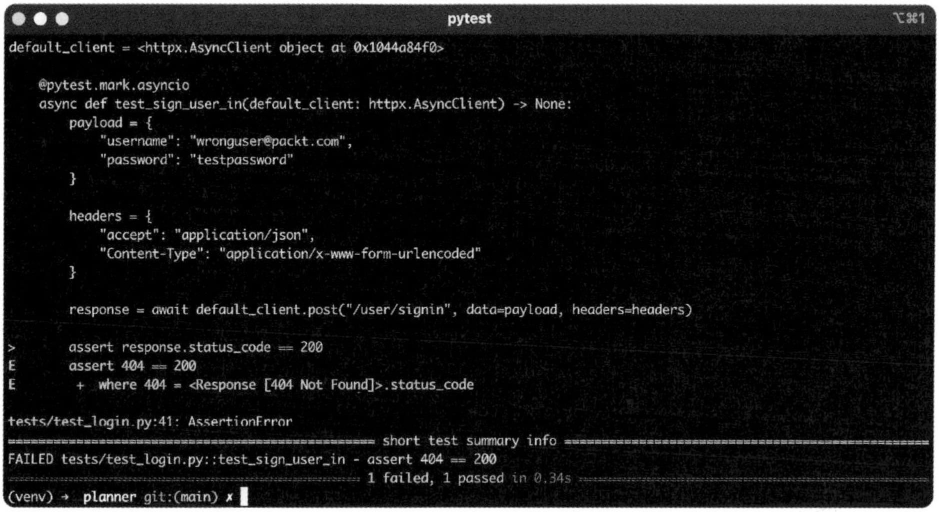

그림 8-5 틀린 요청 페이로드로 인해 실패한 테스트

사용자 등록 및 로그인 라우트 테스트를 모두 작성했다. 이제 이벤트 플래너 API의 CRUD 라우트 테스트를 작성해보자.

CRUD 라우트 테스트

먼저 tests 폴더에 test_routes.py 파일을 만든다.

```
(venv)$ touch tests/test_routes.py
```

생성된 파일에 다음 코드를 추가한다.

```
import httpx
import pytest

from auth.jwt_handler import create_access_token
from models.events import Event
```

이 코드는 앞서 사용한 일반적인 라이브러리, create_access_token(user) 함수, 이벤트 모델 (Event)도 임포트한다. 몇몇 라우트는 보안이 적용되므로 접속 토큰을 생성해야 한다. 따라서 새로운 픽스처를 만들고 접속 토큰을 반환하도록 한다. 이 픽스처는 module 범위를 갖는다. 즉, 테스트 파일이 실행될 때 한 번만 실행되고 다른 함수가 호출될 때는 실행되지 않는다. 다음 코드를 test_routes.py 파일에 추가하자.

```
@pytest.fixture(scope="module")
async def access_token() -> str:
    return create_access_token("testuser@packt.com")
```

다음으로 이벤트를 데이터베이스에 추가하는 픽스처를 만든다. 이 픽스처는 CRUD 라우트 테스트에 대한 사전 테스트를 진행하는 데 사용된다. 다음과 같이 코드를 추가하자.

```
@pytest.fixture(scope="module")
async def mock_event() -> Event:
    new_event = Event(
        creator="testuser@packt.com",
        title="FastAPI Book Launch",
        image="https://linktomyimage.com/image.png",
        description="We will be discussing the contents of the FastAPI book in
this event.Ensure to come with your own copy to win gifts!",
        tags=["python", "fastapi", "book", "launch"],
        location="Google Meet"
    )

    await Event.insert_one(new_event)

    yield new_event
```

조회 라우트 테스트

/event(이벤트 라우트)의 GET 메서드 테스트 함수를 작성해보자.

```python
@pytest.mark.asyncio
async def test_get_events(default_client: httpx.AsyncClient, mock_event: Event) ->
None:
    response = await default_client.get("/event/")

    assert response.status_code == 200
    assert response.json()[0]["_id"] == str(mock_event.id)
```

이 코드는 mock_event 픽스처를 사용해 이벤트가 데이터베이스에 추가되는지 테스트한다. 다음 명령을 사용해 테스트를 실행해보자.

```
(venv)$ pytest tests/test_routes.py
```

실행 결과는 [그림 8-6]과 같다.

그림 8-6 성공한 테스트

이번에는 /event/{id} 라우트 테스트 함수를 작성해보자.

```python
@pytest.mark.asyncio
async def test_get_event(default_client: httpx.AsyncClient, mock_event: Event) ->
None:
    url = f"/event/{str(mock_event.id)}"
    response = await default_client.get(url)
```

```
    assert response.status_code == 200
    assert response.json()["creator"] == mock_event.creator
    assert response.json()["_id"] == str(mock_event.id)
```

이 코드는 단일 이벤트를 추출하는 데 사용되는 라우트를 테스트한다. 전달된 이벤트 ID는 mock_event 픽스처에서 추출되며 실행한 요청의 결과를 mock_event 픽스처에 저장된 데이터와 비교한다. 다음 명령을 사용해 테스트를 실행해보자.

```
(venv)$ pytest tests/test_routes.py
```

실행 결과는 [그림 8-7]과 같다.

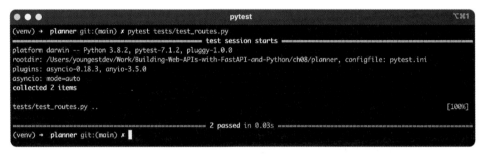

그림 8-7 성공한 단일 이벤트 추출 테스트

이어서 신규 이벤트 생성 테스트를 작성해보자.

생성 라우트 테스트

앞서 만든 픽스처를 사용해 접속 토큰을 추출하고 테스트 함수를 정의한다. 이 함수는 서버로 전송될 요청 페이로드를 생성한다. 요청 페이로드에는 콘텐츠 유형과 인증 헤더가 포함된다. 테스트 응답도 정의되는데 요청이 실행되면 실제 결과와 응답이 비교된다. 다음과 같이 코드를 추가하자.

```
@pytest.mark.asyncio
async def test_post_event(default_client: httpx.AsyncClient, access_token: str) ->
None:
```

```
    payload = {
        "title": "FastAPI Book Launch",
        "image": "https://linktomyimage.com/image.png",
        "description": "We will be discussing the contents of the FastAPI book in
this event.Ensure to come with your own copy to win gifts!",
        "tags": ["python","fastapi","book","launch"],
        "location": "Google Meet",
    }

    headers = {
        "Content-Type": "application/json",
        "Authorization": f"Bearer {access_token}"
    }

    test_response = {
        "message": "Event created successfully."
    }

    response = await default_client.post("/event/new", json=payload,
headers=headers)

    assert response.status_code == 200
    assert response.json() == test_response
```

테스트 파일을 저장한 후 다시 실행해보자.

```
(venv)$ pytest tests/test_routes.py
```

실행 결과는 [그림 8-8]과 같다.

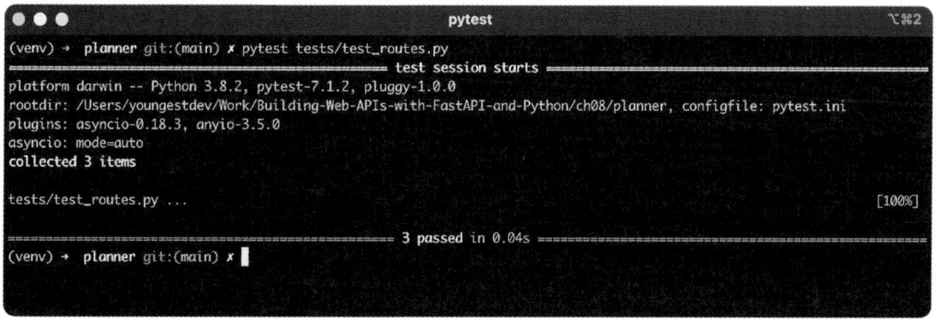

```
(venv) → planner git:(main) ✗ pytest tests/test_routes.py
================================ test session starts ================================
platform darwin -- Python 3.8.2, pytest-7.1.2, pluggy-1.0.0
rootdir: /Users/youngestdev/Work/Building-Web-APIs-with-FastAPI-and-Python/ch08/planner, configfile: pytest.ini
plugins: asyncio-0.18.3, anyio-3.5.0
asyncio: mode=auto
collected 3 items

tests/test_routes.py ...                                                       [100%]

================================ 3 passed in 0.04s ================================
(venv) → planner git:(main) ✗
```

그림 8-8 성공한 POST 요청 테스트

이번에는 데이터베이스에 저장된 이벤트 개수(지금까지 2개)를 확인하기 위한 테스트를 작성해보자. 다음과 같이 코드를 추가한다.

```python
@pytest.mark.asyncio
async def test_get_events_count(default_client: httpx.AsyncClient) -> None:
    response = await default_client.get("/event/")

    events = response.json()

    assert response.status_code == 200
    assert len(events) == 2
```

이 코드는 JSON 응답을 events라는 변수에 저장하고 events의 길이가 예상한 값과 일치하는지 확인한다. 다음 명령을 사용해 테스트 파일을 다시 실행해보자.

```
(venv)$ pytest tests/test_routes.py
```

실행 결과는 [그림 8-9]와 같다.

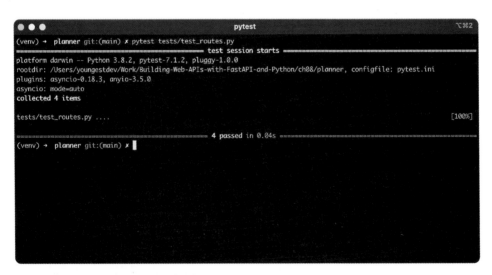

그림 8-9 이벤트 개수를 확인하는 테스트 결과

GET 라우트인 /event와 /event/{id}, POST 라우트인 /event/new를 모두 테스트했다. 이어서 변경 및 삭제 라우트 테스트를 작성해보자.

변경 라우트 테스트

변경 라우트 테스트 함수를 작성해보자.

```python
@pytest.mark.asyncio
async def test_update_event(default_client: httpx.AsyncClient, mock_event: Event,
access_token: str) -> None:
    test_payload = {
        "title": "Updated FastAPI event"
    }

    headers = {
        "Content-Type": "application/json",
        "Authorization": f"Bearer {access_token}"
    }

    url = f"/event/{str(mock_event.id)}"

    response = await default_client.put(url, json=test_payload, headers=headers)

    assert response.status_code == 200
    assert response.json()["title"] == test_payload["title"]
```

이 코드는 mock_event 픽스처에서 추출한 ID를 사용해 데이터베이스에 저장된 해당 이벤트를 수정한다. 그런 다음 요청 페이로드와 헤더를 정의하고 response 변수에 요청 결과를 저장한다. 마지막으로 이 결과가 예상한 값과 일치하는지 확인한다. 다음 명령을 사용해 테스트를 실행해보자.

```
(venv)$ pytest tests/test_routes.py
```

실행 결과는 [그림 8-10]과 같다.

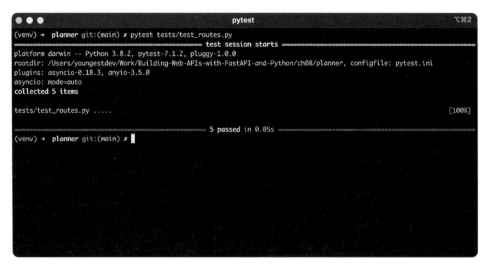

```
● ● ●                              pytest                              ⌥⌘2
(venv) → planner git:(main) ✗ pytest tests/test_routes.py
=============================== test session starts ===============================
platform darwin -- Python 3.8.2, pytest-7.1.2, pluggy-1.0.0
rootdir: /Users/youngestdev/Work/Building-Web-APIs-with-FastAPI-and-Python/ch08/planner, configfile: pytest.ini
plugins: asyncio-0.18.3, anyio-3.5.0
asyncio: mode=auto
collected 5 items

tests/test_routes.py .....                                               [100%]

=============================== 5 passed in 0.05s ===============================
(venv) → planner git:(main) ✗ █
```

그림 8-10 성공한 변경 요청 테스트

mock_event 픽스처는 문서(이벤트)를 데이터베이스에 추가할 때마다 고유한 문서 ID를 생성해주기 때문이다.

예상 응답을 다른 것으로 변경하고 테스트가 실패하는지 확인해보자.

```
assert response.json()["title"] == "This test should fail"
```

테스트를 다시 실행한다.

```
(venv)$ pytest tests/test_routes.py
```

실행 결과는 [그림 8-11]과 같다.

```
      test_payload = {
          "title": "Updated FastAPI event"
      }

      headers = {
          "Content-Type": "application/json",
          "Authorization": f"Bearer {access_token}"
      }

      url = f"/event/{str(mock_event.id)}"

      response = await default_client.put(url, json=test_payload, headers=headers)

      assert response.status_code == 200
>     assert response.json()["title"] == "This test should fail"
E     AssertionError: assert 'Updated FastAPI event' == 'This test should fail'
E       - This test should fail
E       + Updated FastAPI event

tests/test_routes.py:103: AssertionError
========================= short test summary info =========================
FAILED tests/test_routes.py::test_update_event - AssertionError: assert 'Updated FastAPI event' == 'This test should fail'
========================= 1 failed, 4 passed in 0.09s =========================
(venv) → planner git:(main) ✗
```

그림 8-11 응답이 달라 실패한 테스트

삭제 라우트 테스트

마지막으로 삭제 라우트 테스트 함수를 작성해보자.

```python
@pytest.mark.asyncio
async def test_delete_event(default_client: httpx.AsyncClient, mock_event: Event,
access_token: str) -> None:
    test_response = {
        "message": "Event deleted successfully."
    }

    headers = {
        "Content-Type": "application/json",
        "Authorization": f"Bearer {access_token}"
    }

    url = f"/event/{mock_event.id}"

    response = await default_client.delete(url, headers=headers)

    assert response.status_code == 200
    assert response.json() == test_response
```

이 코드는 이전 테스트들과 마찬가지로 예상 테스트 응답과 헤더를 정의한다. 또한 삭제 라우트를 호출해서 실제 결과와 예상 결과를 비교한다. 테스트를 실행해보자.

```
(venv)$ pytest tests/test_routes.py
```

실행 결과는 [그림 8-12]와 같다.

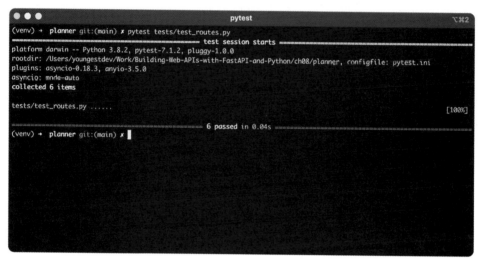

그림 8-12 성공한 삭제 요청 테스트

문서가 실제로 삭제됐는지 확인하기 위해 마지막 테스트를 추가해보자.

```
@pytest.mark.asyncio
async def test_get_event_again(default_client: httpx.AsyncClient, mock_event:
Event) -> None:
    url = f"/event/{str(mock_event.id)}"
    response = await default_client.get(url)

    assert response.status_code == 200
    assert response.json()["creator"] == mock_event.creator
    assert response.json()["_id"] == str(mock_event.id)
```

이 테스트는 실패하는 것이 맞다. 테스트를 실행해보자.

```
(venv)$ pytest tests/test_routes.py
```

실행 결과는 [그림 8-13]과 같다. 데이터베이스에 해당 문서(이벤트)가 더 이상 존재하지 않는다.

```
● ● ●                                      pytest                                    ⌥⌘2
tests/test_routes.py ......F                                                        [100%]
========================================= FAILURES =========================================
_____ test_get_event_again _____

default_client = <httpx.AsyncClient object at 0x107fb4310>
mock_event = Event(id=ObjectId('627efe676d3e951f9d01578e'), revision_id=None, creator='testuser@packt.com', title='FastAPI
 Book Lau...Ensure to come with your own copy to win gifts!', tags=['python', 'fastapi', 'book', 'launch'], location='Goog
le Meet')

    @pytest.mark.asyncio
    async def test_get_event_again(default_client: httpx.AsyncClient, mock_event: Event) -> None:
        url = f"/event/{str(mock_event.id)}"
        response = await default_client.get(url)

>       assert response.status_code == 200
E       assert 404 == 200
E        +  where 404 = <Response [404 Not Found]>.status_code

tests/test_routes.py:130: AssertionError
=================================== short test summary info ===================================
FAILED tests/test_routes.py::test_get_event_again - assert 404 == 200
==================================== 1 failed, 6 passed in 0.09s ====================================
(venv) →  planner git:(main) ✗
```

그림 8-13 실패한 테스트

마지막 테스트가 성공하도록 다음과 같이 변경해보자.

```
    assert response.status_code == 404
```

마지막으로 애플리케이션의 전체 테스트를 실행한다.

```
(venv)$ pytest
```

윈도우에서는 다음 명령을 사용해 실행한다.

```
c:\planner\python -m pytest
```

실행 결과는 [그림 8-14]와 같다.

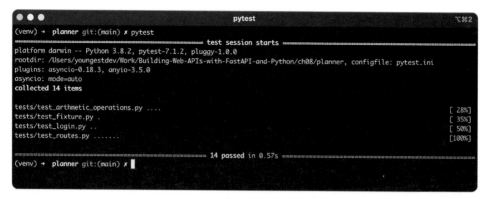

그림 8-14 0.57초만에 완료된 전체 테스트

이벤트 플래너 API의 모든 라우트를 테스트했다. 이제 커버리지 테스트를 실행하여 테스트 대상이 되는 코드의 비율을 파악해보자.

8.4 테스트 커버리지

테스트 커버리지 보고서는 테스트가 전체 애플리케이션 코드 중 어느 정도 비율의 코드를 테스트하는지 정량화해서 보여준다. coverage 모듈을 설치해서 우리가 만든 API가 적절하게 테스트되고 있는지 확인해보자.

```
(venv)$ pip install coverage
```

다음 명령을 실행해서 테스트 커버리지 보고서를 생성해보자.

```
(venv)$ coverage run -m pytest
```

명령을 실행하면 [그림 8-15]와 같이 테스트 커버리지 보고서가 생성된다.

그림 8-15 테스트 커버리지 보고서

생성된 보고서를 확인해보자. 보고서는 터미널과 HTML로 생성된 웹 페이지 이렇게 두 가지 형식으로 볼 수 있다. 두 가지를 모두 살펴보자.

다음 명령을 실행하면 [그림 8–16]과 같이 터미널상에 표시된 보고서를 볼 수 있다.

```
(venv)$ coverage report
```

```
(venv) → planner git:(main) ✗ coverage report
Name                                    Stmts   Miss  Cover
-----------------------------------------------------------
auth/__init__.py                            0      0   100%
auth/authenticate.py                        9      1    89%
auth/hash_password.py                       7      0   100%
auth/jwt_handler.py                        25      5    80%
database/__init__.py                        0      0   100%
database/database.py                       44      2    95%
main.py                                    18      3    83%
models/__init__.py                          0      0   100%
models/events.py                           22      0   100%
models/users.py                            12      0   100%
routes/__init__.py                          0      0   100%
routes/events.py                           41      4    90%
routes/users.py                            27      3    89%
tests/conftest.py                          23      0   100%
tests/test_arthmetic_operations.py         16      0   100%
tests/test_fixture.py                       7      0   100%
tests/test_login.py                        17      0   100%
tests/test_routes.py                       59      0   100%
-----------------------------------------------------------
TOTAL                                     327     18    94%
(venv) → planner git:(main) ✗
```

그림 8-16 터미널상에 표시된 테스트 커버리지 보고서

이 보고서는 테스트를 통해 실행된(테스트에 사용된) 코드의 비율을 보여준다.

이번에는 사용된 코드 블록까지 보여주는 HTML 보고서를 살펴보자. [그림 8-17]과 같이 터미널에서 다음 명령을 실행하면 된다.

```
(venv)$ coverage html
```

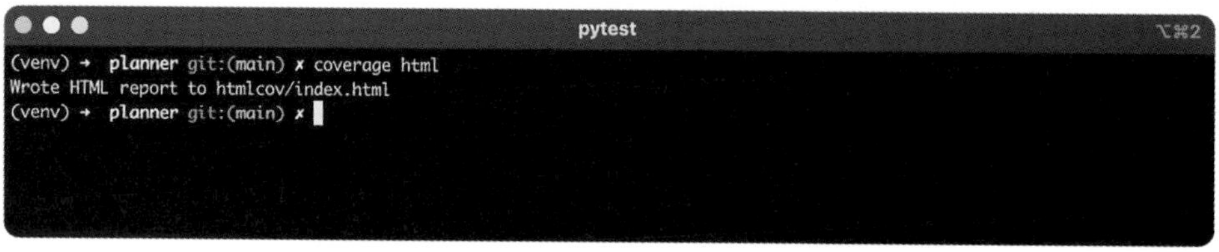

그림 8-17 HTML 커버리지 보고서 생성

htmlcov 폴더에 생성된 index.html 파일을 브라우저로 열어보자. 그림 [그림 8-18]과 같이 웹 페이지 형식의 보고서를 볼 수 있다.

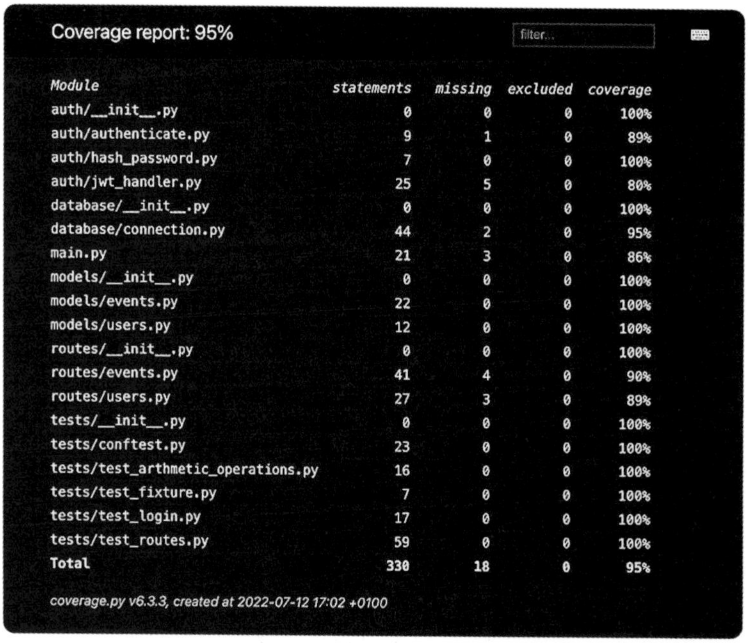

Module	statements	missing	excluded	coverage
auth/__init__.py	0	0	0	100%
auth/authenticate.py	9	1	0	89%
auth/hash_password.py	7	0	0	100%
auth/jwt_handler.py	25	5	0	80%
database/__init__.py	0	0	0	100%
database/connection.py	44	2	0	95%
main.py	21	3	0	86%
models/__init__.py	0	0	0	100%
models/events.py	22	0	0	100%
models/users.py	12	0	0	100%
routes/__init__.py	0	0	0	100%
routes/events.py	41	4	0	90%
routes/users.py	27	3	0	89%
tests/__init__.py	0	0	0	100%
tests/conftest.py	23	0	0	100%
tests/test_arthmetic_operations.py	16	0	0	100%
tests/test_fixture.py	7	0	0	100%
tests/test_login.py	17	0	0	100%
tests/test_routes.py	59	0	0	100%
Total	330	18	0	95%

coverage.py v6.3.3, created at 2022-07-12 17:02 +0100

그림 8-18 웹 페이지 형식의 테스트 커버리지 보고서

routes/events.py를 클릭하면 [그림 8-19]와 같이 해당 파일의 테스트 커버리지 보고서를 볼 수 있다.

```
Coverage for routes/events.py: 90%

41 statements    37 run    4 missing    0 excluded

1   from typing import List
2
3   from auth.authenticate import authenticate
4   from beanie import PydanticObjectId
5   from database.connection import Database
6   from fastapi import APIRouter, Depends, HTTPException, status
7   from models.events import Event, EventUpdate
8
9   event_router = APIRouter(
10      tags=["Events"]
11  )
12
13  event_database = Database(Event)
14
15
16  @event_router.get("/", response_model=List[Event])
17  async def retrieve_all_events() -> List[Event]:
18      events = await event_database.get_all()
19      return events
20
21
22  @event_router.get("/{id}", response_model=Event)
23  async def retrieve_event(id: PydanticObjectId) -> Event:
24      event = await event_database.get(id)
25      if not event:
26          raise HTTPException(
27              status_code=status.HTTP_404_NOT_FOUND,
28              detail="Event with supplied ID does not exist"
29          )
30      return event
31
32
33  @event_router.post("/new")
```

그림 8-19 이 그림에는 색상이 표현되지 않았지만 실행된(사용된) 코드는 초록색, 그렇지 않은 코드는 빨간색으로 표시된다.

정리하기

CHAPTER 8에서는 인증 및 CRUD 라우트 테스트를 작성해서 API의 전체 기능을 테스트했다. 구체적으로는 테스트가 무엇인지, pytest를 사용하여 테스트를 어떻게 작성하는지 살펴봤다. 또한 pytest의 픽스처에 관해 배우고 이를 사용해서 재사용할 수 있는 접속 토큰과 데이터베이스 객체를 생성했으며 테스트 세션 동안 애플리케이션 인스턴스를 유지했다. 그리고 테스트를 사용해서 API HTTP 요청의 응답을 확인하고 API 처리를 검증했다. 마지막으로 테스트 커버리지 보고서를 생성하여 테스트가 적용된 코드와 그렇지 않은 코드를 구분했다.

이것으로 웹 API 테스트와 관련된 지식을 모두 익혔다. 이제 여러분의 애플리케이션을 배포 채널을 통해 인터넷에 공개할 준비가 됐다. CHAPTER 9에서는 애플리케이션을 컨테이너화하는 방법과 도커 및 도커 구성 도구를 사용해 로컬에 배포하는 방법을 배운다.

CHAPTER 9 배포

〈CHAPTER 8 테스트〉에서 FastAPI 애플리케이션의 API 라우트 테스트 작성 방법을 다뤘다. 테스트가 무엇인지를 시작으로 pytest 라이브러리를 사용한 기본적인 단위 테스트 작성 방법까지 소개했다. 또한 픽스처를 사용해서 반복되는 코드를 제거하고 테스트를 재사용하는 방법을 익혔으며 테스트 환경을 구축하는 방법도 살펴봤다. 후반부에서는 각 라우트에 대한 테스트를 작성하고 테스트 커버리지 보고서를 직접 생성했다.

CHAPTER 9에서는 도커와 도커 구성 도구를 사용하여 FastAPI 애플리케이션을 로컬에 배포해본다. 또한 애플리케이션을 서버리스 플랫폼에 배포하기 위한 외부 자료도 살펴본다. 구체적으로는 다음과 같은 내용을 다룬다.

- 배포 준비
- 도커를 사용한 배포
- 도커 이미지 배포

9.1 배포 준비

배포는 보통 개발 주기에서 가장 마지막 단계다. 애플리케이션을 배포하기 전에 배포를 위한 설정이 모두 제대로 준비됐는지 확인해야 한다. 이 설정에는 의존 라이브러리가 정의된 requirements.txt 파일과 환경 변수 설정 등이 포함된다.

의존 라이브러리 관리

앞서 beanie와 pytest 같은 라이브러리를 설치했다. 하지만 의존성 관리자 역할을 하는 requirements.txt 파일에는 포함되어 있지 않으니 추가하도록 하자. requirements.txt 파일은 항상 최신 상태로 유지해야 한다.

파이썬에서는 pip freeze 명령을 사용해 개발 환경에 사용된 패키지들을 추출할 수 있다. 이 명령을 사용하면 설치된 모든 패키지의 목록뿐만 아니라 해당 패키지와 연관된 서브 패키지의 목록도 볼 수 있다. 다행히 requirements.txt 파일을 수동으로 관리할 수 있으므로 주요 패키지만 나열하는 것이 가능하다. 따라서 의존성 관리가 더 쉽다.

requirements.txt 파일을 수정하기 전에 애플리케이션에 사용된 모든 의존 라이브러리를 출력해보자.

```
(venv)$ pip freeze
anyio==3.5.0
asgi-lifespan==1.0.1
asgiref==3.5.0
attrs==21.4.0
bcrypt==3.2.2
cffi==1.15.0
python-multipart==0.0.5
...
```

많은 의존 라이브러리가 표시되지만 몇몇 라이브러리는 애플리케이션에서 직접적으로 사용되지 않는다. requirements.txt 파일을 다음과 같이 수동으로 변경해서 우리가 사용할 라이브러리로만 채운다.

```
fastapi==0.78.0
bcrypt==3.2.2
beanie==1.11.1
email-validator==1.2.1
httpx==0.22.0
Jinja2==3.0.3
motor==2.5.1
passlib==1.7.4
pytest==7.1.2
python-multipart==.0.0.5
```

```
python-dotenv==0.20.0
python-jose==3.3.0
sqlmodel==0.0.6
uvicorn==0.17.6
```

이렇게 하면 애플리케이션이 직접적으로 사용하는 의존 라이브러리만 관리할 수 있다.

환경 변수 설정

〈CHAPTER 6 데이터베이스 연결〉에서 환경 변수를 사용해봤다. 환경 변수를 배포 시점에 적용할 수도 있는데 이 내용은 다음 절에서 살펴보자.

환경 변수는 적절한 방법으로 관리하는 것이 중요하다. 특히 GitHub 같은 버전 관리 시스템에서는 제외시키는 것이 좋다.[46]

배포를 위한 준비가 끝났다. 이제 도커를 사용해 애플리케이션을 로컬에 배포해보자.

9.2 도커를 사용한 배포

〈CHAPTER 1 FastAPI 소개〉에서 도커와 도커파일의 기본적인 내용을 살펴봤으므로 이벤트 플래너 API를 위한 도커파일을 직접 작성해보자.

도커는 컨테이너화^{containerization}에 사용되는 가장 인기 있는 기술이다. 컨테이너는 패키지, 코드, 의존 라이브러리로 구성된 하나의 시스템으로, 실행 환경에 의존하지 않는다. 따라서 다른 환경에서도 쉽게 애플리케이션을 배포할 수 있다. 도커는 도커파일을 사용해서 컨테이너화한다.

도커는 로컬 개발 환경뿐만 아니라 프로덕션 애플리케이션을 배포할 때도 사용된다. 여기서는 로컬 개발 환경만 다루지만 클라우드 서비스에 배포하는 방법도 공유할 것이니 참고하도록 하자.

애플리케이션 컨테이너와 데이터베이스 컨테이너처럼 여러 컨테이너를 사용해서 애플리케이션을 구성하는 경우에는 도커 구성 도구를 사용한다. 도커 구성 도구는 여러 컨테이너로 구성

---

46 옮긴이_연결 정보 등 민감한 정보가 포함되기 때문이다. 하지만 환경 변수를 포함시키는 경우도 종종 있다. 이때 중요한 정보는 암호화하거나 CI/CD 파이프라인과 연동해서 사용한다.

된 도커 애플리케이션을 설정 파일(일반적으로 docker-compose.yml) 안에 정의할 때 사용되며 도커 엔진 설치 시 함께 설치된다.

도커파일 작성

도커파일은 도커 이미지를 빌드하기 위한 몇 가지 명령셋^{set}으로 구성된다. 빌드된 도커 이미지는 개인 또는 공개 레지스트리에 등록된 후 AWS나 구글 클라우드 같은 클라우드 서버에 배포된다. 또한 컨테이너를 생성해 다양한 운영체제에서 사용된다.

도커파일이 어떤 역할을 하는지 살펴봤다. 이제 도커파일을 만들고 애플리케이션 이미지를 빌드해보자.

프로젝트의 루트 디렉터리에 Dockerfile이라는 파일을 생성한다. 윈도우에서는 파일 탐색기를 사용하자.

```
(venv)$ touch Dockerfile
```

Dockerfile에 다음과 같은 내용을 추가한다.

```
FROM python:3.10                                                        ❶

WORKDIR /app                                                           ❷

COPY requirements.txt /app/requirements.txt                           ❸

RUN pip install --upgrade pip && pip install -r /app/requirements.txt  ❹

EXPOSE 8000                                                            ❺

COPY ./ /app                                                           ❻

CMD ["python", "main.py"]                                              ❼
```

도커파일의 내용을 하나씩 살펴보자.

❶ 도커파일에서 가장 먼저 할 일은 FROM 키워드를 사용해 기본 이미지를 지정하는 것이다. 여기서는 파이썬 이미지를 사용하며 여러 가지 버전을 사용할 수 있다. 웹 페이지[47]에서 사용할 수 있는 버전을 확인할 수 있다.

❷ WORKDIR 키워드를 사용해 작업 디렉터리를 /app으로 설정한다. 작업 디렉터리는 이미지로 빌드될 프로젝트 구조를 정리할 때 도움이 된다.

❸ COPY 키워드를 사용해 requirements.txt 파일을 로컬 디렉터리에서 도커 컨테이너의 작업 디렉터리로 복사한다.

❹ RUN 명령을 사용해 pip 패키지를 업그레이드하고 requirements.txt 파일을 기반으로 의존 라이브러리를 설치한다.

❺ EXPOSE 명령을 사용해 로컬 네트워크에서 애플리케이션에 접속할 수 있는 포트 번호를 설정한다.

❻ 나머지 파일을 도커 컨테이너의 작업 디렉터리로 복사한다.

❼ CMD 명령을 사용해 애플리케이션을 실행한다.

도커파일의 각 명령은 개별 레이어로 빌드되며, 도커는 각 레이어에 캐시를 적용해서 빌드 시간을 줄이고 반복을 제거한다. 예를 들어 아주 중요한 명령으로 구성된 레이어에 변경 사항이 없다면 해당 레이어를 빌드하지 않고 이전에 빌드된 것을 사용한다. 즉, 이미지를 빌드할 때 캐시 시스템을 사용한다.

이미지를 빌드하기 전에 .dockerignore 파일을 만들자.

```
(venv)$ touch .dockerignore
```

.dockerignore 파일에 다음 내용을 추가한다.

```
venv
.env
.git
```

.dockerignore 파일
.dockerignore 파일에는 도커파일에 정의된 명령(COPY 등)을 실행할 때 제외할 파일과 폴더를 지정한다.

---

47 *https://hub.docker.com/_/python*

도커 이미지 빌드

애플리케이션 이미지를 빌드하려면 루트 디렉터리에서 다음 명령을 실행하면 된다. 윈도우에서는 도커 데스크톱이 실행되고 있는 상태에서 명령을 실행해야 한다.

```
(venv)$ docker build -t event-planner-api .
```

이 명령은 event-planner-api라는 태그를 사용해 현재 디렉터리(명령어 끝부분의 마침표)를 이미지로 빌드하라는 의미다. 명령을 실행하면 [그림 9-1]과 같이 빌드 프로세스가 시작되며 도커파일에 정의한 명령셋이 실행된다.

그림 9-1 도커 빌드 프로세스

애플리케이션 이미지를 빌드했으니 다음 명령을 사용해 몽고DB 이미지를 풀(pull)하자.

```
(venv)$ docker pull mongo
```

몽고DB 이미지를 풀해서 API 컨테이너가 접근할 수 있는 데이터베이스 컨테이너를 생성했다. 도커 컨테이너는 별도의 네트워크 설정을 사용하며 기본 설정에서는 localhost 주소로 연결하는 것을 허용하지 않는다.

그림 9-2 몽고DB 이미지 풀하기

 docker pull

`docker pull` 명령은 레지스트리에서 이미지를 다운로드한다. 별도로 지정하지 않으면 도커 허브 레지스트리에서 이미지를 다운로드한다.

로컬에 애플리케이션 배포

이번에는 애플리케이션 배포를 담당하는 파일을 만들어보자. 여기서 사용할 도커 구성 파일(docker-compose.yml)은 API 서비스와 몽고DB 데이터베이스 서비스로 구성된다. 먼저 루트 디렉터리에 다음과 같이 구성 파일을 만든다.

```
(venv)$ touch docker-compose.yml
```

그런 다음 docker-compose.yml 파일에 다음 코드를 추가한다.

```
version: "3"

services:
  api:
    build: .
    image: event-planner-api:latest    ❶
    ports:
      - "8000:8000"                     ❷
    env_file:
      - .env.prod                       ❸

  database:
    image: mongo:5.0.15
    ports:
      - "27017"
    volumes:
      - data:/data/db

  volumes:
    data:
```

services 섹션에 API 서비스(api)와 데이터베이스 서비스(database)를 정의한다. API 서비스부터 살펴보자.

❶ build 필드는 현재 디렉터리(.)에 있는 도커파일을 기준으로 event-planner-api:latest 이미지를 빌드한다.

❷ ports에서는 8000번 포트를 노출해서 HTTP를 통해 API에 접근하도록 한다.

❸ .env.prod 파일을 환경 파일로 설정한다. 다음과 같이 환경 파일 대신 환경 변수를 설정할 수도 있다.

```
environment:
  - DATABASE_URL=mongodb://database:27017/planner
  - SECRET_KEY=secretkey
```

이 형식은 환경 변수를 배포 서비스에 추가할 때 일반적으로 사용되는 방식이다. 가능하면 환경 파일을 사용하는 것이 좋다.

데이터베이스 서비스의 설정 내용은 다음과 같다.

- 데이터베이스 서비스가 앞서 풀한 mongo 이미지를 사용한다.

- 27017번 포트를 정의했으나 외부로 노출하진 않는다. API 서비스만 이 포트에 접근할 수 있다.

- 영구적 볼륨(저장소)을 서비스에 할당해서 데이터를 저장하는 데 사용한다. 여기서는 /data/db 폴더
  가 사용된다.

- data라는 볼륨을 할당하여 배포에 사용한다.

도커 구성 파일의 내용을 살펴봤으니 환경 파일인 .env.prod를 만들어보자.

```
DATABASE_URL=mongodb://database:27017/planner
SECRET_KEY=NOTSTRONGENOUGH!
```

이 환경 파일에는 앞서 구성 파일에서 정의한 몽고DB 서비스명(database)을 사용해 DATABASE
_URL을 설정한다.

애플리케이션 실행

도커 구성 파일을 기반으로 애플리케이션을 배포하고 실행할 준비를 마쳤다. 이제 도커 구성
도구를 사용해 서비스를 실행해보자.

```
(venv)$ docker-compose up -d
```

명령을 입력하면 [그림 9-3]과 같이 서비스가 분리 모드^{detached mode}로 실행된다.

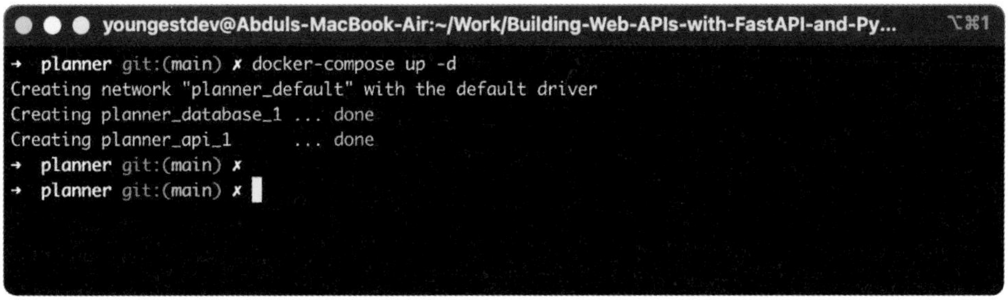

그림 9-3 도커 구성 도구를 사용한 애플리케이션 실행

애플리케이션 서비스가 생성 및 배포됐다. 실행되고 있는 컨테이너를 확인해보자.

```
(venv)$ docker ps
```

명령을 입력하면 [그림 9-4]와 같이 실행되고 있는 컨테이너가 포트 번호와 함께 표시된다.

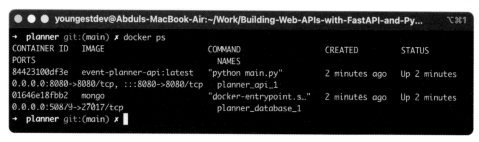

그림 9-4 현재 실행되고 있는 컨테이너 목록

GET 요청을 보내 애플리케이션이 제대로 실행되는지 확인해보자.

```
(venv)$ curl -X 'GET' \
  'http://localhost:8000/event/' \
  -H 'accept: application/json'
```

윈도우에서는 다음과 같이 실행한다.

```
curl -X GET "http://localhost:8000/event/" -H "accept: application/json"
```

요청에 대한 응답은 다음과 같다. 생성한 이벤트가 없으므로 빈 응답이 반환된다.

```
[]
```

배포한 애플리케이션이 제대로 실행되고 있다!

이번에는 계정을 생성해서 데이터베이스가 제대로 작동하는지 확인해보자.

```
(venv)$ curl -X 'POST' \
  'http://localhost:8000/user/signup' \
```

```
  -H 'accept: application/json' \
  -H 'Content-Type: application/json' \
  -d '{
  "email": "fastapi@packt.com",
  "password": "strong!!!"
}'
```

윈도우에서는 다음과 같이 실행한다.

```
curl -X POST "http://localhost:8000/user/signup" -H "accept: application/
json" -H "Content-Type: application/json" -d "{\"email\": \"fastapi@packt.
com\",\"password\": \"strong!!!\"}"
```

정상적으로 요청이 처리되면 다음과 같은 메시지가 표시된다.

```
{
    "message": "User created successfully."
}
```

지금까지 두 개의 라우트를 테스트했다. 여러분이 직접 다른 라우트도 테스트해보기 바란다.

서버를 중단하려면 루트 디렉터리에서 다음 명령을 실행하면 된다.

```
(venv)$ docker-compose down
```

명령을 실행하면 [그림 9-5]와 같이 애플리케이션이 중단된다.

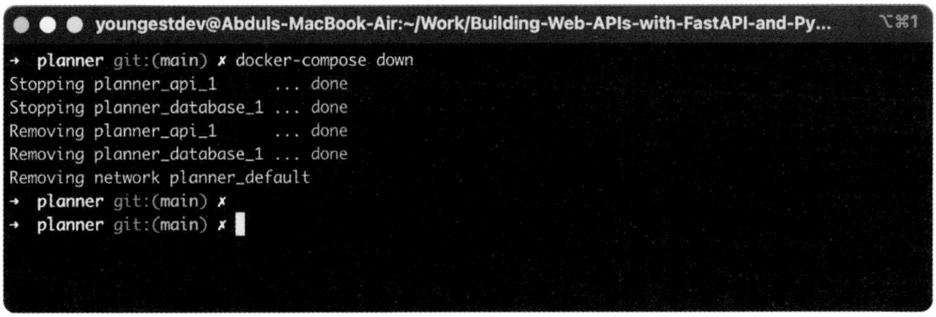

그림 9-5 애플리케이션 인스턴스 정지

9.3 도커 이미지 배포

앞서 빌드하고 배포한 도커 이미지를 다른 가상 머신이나 구글 클라우드, AWS 같은 서버리스 플랫폼에 배포할 수도 있다.

이때 일반적으로 필요한 것이 바로 서버리스 플랫폼이 제공하는 개인 레지스트리다. 이 레지스트리에 도커 이미지를 푸시해서 사용하면 된다. 서버리스 플랫폼(클라우드 서비스)에 따라 배포 과정이 다르므로 관련 링크를 참고하자.

- 구글 클라우드 런[48]
- 아마존 EC2[49]
- 마이크로소프트 애저[50]

〈9.2 도커를 사용한 배포〉에서 다룬 배포 방법은 도커 이미지를 일반 PC나 물리 서버에 설치할 때 사용된다.

데이터베이스 배포

구글 클라우드나 AWS 같은 플랫폼은 데이터베이스 컨테이너 운영을 위한 서비스를 제공하지만 비용이 많이 들고 관리하기 힘들다.

도커 구성 파일을 지원하지 않는 플랫폼에서는 몽고DB 데이터베이스를 몽고DB 아틀라스[51]에서 호스팅하고 환경 변수 `DATABASE_URL`을 아틀라스용 연결 문자열로 덮어쓴다. 몽고DB 아틀라스 설정 방법은 웹 페이지[52]를 참고하자.

---

48 https://cloud.google.com/run/docs/quickstarts/build-and-deploy/deploy-python-service
49 https://docs.aws.amazon.com/AmazonECS/latest/developerguide/getting-started-ecs-ec2.html
50 https://learn.microsoft.com/en-us/azure/container-instances/container-instances-quickstart-portal
51 https://www.mongodb.com/atlas/database
52 https://www.mongodb.com/docs/atlas/getting-started/

정리하기

CHAPTER 9에서는 애플리케이션 배포 준비 과정을 다루고 애플리케이션에 사용된 의존 라이브러리들을 `requirements.txt` 파일에 업데이트했다.

그런 다음 도커파일을 사용해 도커 이미지를 빌드하고 API와 데이터베이스 서비스용 구성 파일을 작성한 뒤 애플리케이션을 배포했다. 또한 컨테이너가 실행 중인지 확인하는 명령어와 컨테이너를 실행 및 정지하는 명령어를 살펴봤다. 마지막으로 테스트를 통해 배포한 애플리케이션이 제대로 작동하는지 확인했다.

이것으로 이 책을 마무리한다. 이제 여러분은 FastAPI 애플리케이션을 빌드하고 테스트해서 웹에 배포할 수 있다. 라우팅부터 템플릿팅, 데이터베이스 연결, 인증, 배포까지 다양한 개념과 예제를 다뤘다. 이 책에서 중간중간 언급한 참고 자료를 활용하면 지식을 더 확장할 수 있을 것이다.

찾아보기